上海生物医药产学研合作创新网络的创新能力研究

吴慧／著

图书在版编目(CIP)数据

上海生物医药产学研合作创新网络的创新能力研究 / 吴慧著. —上海：立信会计出版社，2024.3
（序伦财经文库）
ISBN 978-7-5429-7043-5

Ⅰ.①上… Ⅱ.①吴… Ⅲ.①生物医学工程—产学研一体化—创造能力—研究—上海 Ⅳ.①F426.77

中国国家版本馆 CIP 数据核字(2023)第 023181 号

责任编辑　彭秋龙
助理编辑　汪玉玲
美术编辑　南房间

上海生物医药产学研合作创新网络的创新能力研究
SHANGHAI SHENGWU YIYAO CHANXUEYAN HEZUO CHUANGXIN WANGLUO DE CHUANGXIN NENGLI YANJIU

出版发行	立信会计出版社	
地　　址	上海市中山西路 2230 号　邮政编码　200235	
电　　话	(021)64411389　传　真　(021)64411325	
网　　址	www.lixinaph.com　电子邮箱　lixinaph2019@126.com	
网上书店	http://lixin.jd.com　http://lxkjcbs.tmall.com	
经　　销	各地新华书店	
印　　刷	江苏凤凰数码印务有限公司	
开　　本	710 毫米×1000 毫米　1/16	
印　　张	18.5	
字　　数	205 千字	
版　　次	2024 年 3 月第 1 版	
印　　次	2024 年 3 月第 1 次	
书　　号	ISBN 978-7-5429-7043-5/F	
定　　价	80.00 元	

如有印订差错,请与本社联系调换

前　　言

在市场经济快速发展的今天,企业无法基于现有资源维持自己在整个行业的领先水平,而且自我研发创新成本高、风险大,通过加强同供应链企业及研发机构之间的相互合作,可以促进企业不断创新发展,以保持自己的竞争优势。随着经济和社会的发展,生物医药行业将是国家实现创新发展的重点行业。在全国各地纷纷开展产学研合作创新的情况下,我国生物医药产学研合作创新网络现状及演化如何、已存在的产学研合作创新网络是如何形成的、已形成的产学研合作创新网络的结构特征会对创新绩效产生何种影响等,都是亟待研究的问题。

基于上述研究背景和问题,本书利用文献分析法、扎根理论分析法和社会网络分析法,按照发现问题、提出问题、分析问题和解决问题的思路,主要通过以下四个方面展开研究。

(1) 本书通过文献分析法对生物医药产学研合作创新网络的相关概念进行界定,并对其所涉及的理论进行阐述,对相关的产学研合作创新网络及创新绩效的文献进行回顾和梳理,通过文献述评提出现有文献的不足并指出本书研究的主要问题。

(2) 本书运用扎根理论分析法,基于ARA(主体、资源和活动)商业网络模型得出我国生物医药产学研合作创新网络的形成过程模型,并通过张江生物医药产学研合作创新网络的形成进行案例验证。

(3) 本书通过社会网络分析法对我国生物医药产学研合作创新网络现状、演化及结构进行分析,并对上海市生物医药产学研合作创新网络进行凝聚子群和小世界性分析。

(4) 本书根据产学研合作创新网络所具有的结构特征,对相关研究进行分析,构建生物医药产学研合作创新网络结构特征对创新绩效的影响模型,并运用上海市生物医药产学研合作创新网络进行实证分析,提出发展生物医药产学研合作创新网络的建议。

经过以上研究过程,本书得出如下主要研究结论。

(1) 我国生物医药产学研合作创新网络的网络结构具有幂律分布特征,网络的节点数和边数增长迅速,网络的密度和平均路径长度也在近5年得到快速增长,网络具有小世界特性,但是网络分布不均匀。

(2) 生物医药产学研合作创新网络的形成过程模型可以分为四个内容、三个主体、两架桥梁、三种模式。"四个内容"指的是形成过程模型涵盖创新网络驱动、创新网络主体、创新网络资源和活动以及创新网络模式;"三个主体"指的是生物医药企业、高校和科研机构;"两架桥梁"指的是创新网络资源和创新活动;"三种模式"指的是通过创新网络资源和创新活动的桥梁作用,最终形成的创新网络模式主要有三种,分别为以高校、科研机构和企业为主的产学研合作创新网络。

(3)本书通过研究生物医药产学研合作创新网络结构特征对创新绩效的影响,得出:①中心性特征和小世界性特征对创新绩效产生不利影响。②生物医药产学研合作创新网络的参与者中生物医药企业和高校的合作最为密集,对合作创新关系的作用最明显。③通过对全球和我国生物医药产学研合作创新网络的梳理和分析,总结经验并结合实证,本书从社会网络层面、产学研合作创新层面和政府层面三个角度提出相关建议。

编者

2023 年 1 月

目　　录

1 绪论 ·· 1
　1.1 研究背景 ·· 1
　　1.1.1 现实背景 ·· 1
　　1.1.2 理论背景 ·· 4
　　1.1.3 现有研究的局限性 ·· 8
　1.2 研究问题的提出和研究意义 ··· 9
　　1.2.1 研究问题的提出 ··· 9
　　1.2.2 研究的理论意义 ··· 13
　　1.2.3 研究的现实意义 ··· 14
　1.3 研究思路和研究方法 ··· 15
　　1.3.1 研究思路 ·· 15
　　1.3.2 研究方法 ·· 16
　1.4 研究内容和技术路线图 ·· 18
　　1.4.1 研究内容 ·· 18

1.4.2　研究框架和技术路线图 ·················· 21

2　相关文献综述·· 23
　2.1　基本概念的界定及理论基础 ·························· 23
　　　2.1.1　基本概念的界定 ·································· 23
　　　2.1.2　社会网络分析的理论基础 ······················ 32
　　　2.1.3　产学研合作创新网络的理论基础 ············· 47
　2.2　生物医药产学研合作创新网络形成问题的相关研究 ······ 51
　　　2.2.1　生物医药产业的相关研究 ······················ 51
　　　2.2.2　产学研合作创新网络的相关研究 ············· 60
　　　2.2.3　网络形成问题的相关研究 ······················ 68
　2.3　产学研合作创新网络结构特征对创新绩效的影响研究 ··· 72
　　　2.3.1　创新网络对创新绩效的影响研究 ············· 72
　　　2.3.2　网络结构特征对创新绩效影响的相关研究 ······ 79
　2.4　文献述评 ·· 84
　2.5　本章小结 ·· 86

3　生物医药产学研合作创新网络的社会网络分析·············· 88
　3.1　问题的提出 ··· 89
　3.2　生物医药产学研合作创新网络的构建 ············· 90

        3.2.1 社会网络分析方法、过程及数据来源……………… 90
        3.2.2 网络的演化及描述性统计 ……………………… 97
        3.2.3 网络的无标度特征分析……………………… 104
    3.3 上海市生物医药产学研合作创新网络的社会网络分析
        ……………………………………………………… 105
        3.3.1 样本选择…………………………………… 105
        3.3.2 网络分析…………………………………… 107
    3.4 社会网络分析结果…………………………………… 112
    3.5 本章小结……………………………………………… 114

4 生物医药产学研合作创新网络形成研究 ……………… 116
    4.1 生物医药产学研合作创新网络现状………………… 116
        4.1.1 生物医药产业的特点……………………… 117
        4.1.2 生物医药产业的发展……………………… 122
    4.2 生物医药产学研合作创新网络形成的扎根理论分析…… 132
        4.2.1 商业网络模型的介绍……………………… 132
        4.2.2 研究设计…………………………………… 134
        4.2.3 扎根理论分析……………………………… 139
    4.3 模型的构建及案例验证……………………………… 149
        4.3.1 网络形成模型构建………………………… 149

4.3.2 张江生物医药产业现状 …………………………… 156
　　　4.3.3 张江生物医药产学研合作创新网络的案例
　　　　　 验证 ………………………………………………… 160
　4.4 本章小结 ………………………………………………………… 165

5 生物医药产学研合作创新网络结构特征对创新绩效的影响研究 …………………………………………………………………… 168
　5.1 问题的提出 …………………………………………………… 168
　5.2 网络的结构特征对创新绩效影响的研究假设 ………………… 169
　　　5.2.1 参与者属性与合作创新关系的研究假设 ………… 170
　　　5.2.2 参与者属性与中心性关系的研究假设 …………… 171
　　　5.2.3 网络结构特征与创新绩效关系的研究假设 ……… 173
　5.3 理论模型的构建 ……………………………………………… 174
　5.4 上海市生物医药产学研合作创新网络的构建及分析 ………… 177
　　　5.4.1 网络的构建 …………………………………………… 177
　　　5.4.2 网络结构的分析 ……………………………………… 179
　　　5.4.3 网络的可视化及中心性分析 ………………………… 185
　　　5.4.4 网络的结构洞分析 …………………………………… 195
　5.5 上海市生物医药产学研合作创新网络参与者属性
　　　分析 …………………………………………………………… 200

  5.5.1 二次指派程序方法介绍 ……………………… 201
  5.5.2 参与者属性的检验及结果分析 ………………… 202
  5.5.3 参与者属性对创新绩效的影响分析 …………… 210
  5.5.4 分析结果 ………………………………………… 216
 5.6 网络结构特征对创新绩效的影响分析 ……………… 217
  5.6.1 二次指派程序分析过程 ………………………… 218
  5.6.2 相关分析 ………………………………………… 219
  5.6.3 关联列表分析 …………………………………… 223
  5.6.4 回归分析 ………………………………………… 224
 5.7 本章小结 ………………………………………………… 226

6 生物医药产学研合作创新网络的经验及对策建议 …………… 228
 6.1 全球生物医药产学研合作创新网络的经验 ……………… 229
  6.1.1 网络特征 ………………………………………… 229
  6.1.2 网络发展的关键要素 …………………………… 231
  6.1.3 对我国生物医药产学研合作创新网络的建议 … 233
 6.2 我国生物医药产学研合作创新网络的发展 …………… 234
  6.2.1 网络特征 ………………………………………… 234
  6.2.2 网络的发展现状 ………………………………… 236
 6.3 提升创新绩效的对策建议 ……………………………… 237

  6.3.1　社会网络层面的优化建议 …………………… 238
  6.3.2　产学研合作创新层面的优化建议 ……………… 241
  6.3.3　政府层面的优化建议 …………………………… 243
 6.4　本章小结 ………………………………………………… 245

7　研究结论与创新点 ………………………………………… 246
 7.1　主要研究结论 …………………………………………… 246
 7.2　主要创新点 ……………………………………………… 251
 7.3　研究局限性与展望 ……………………………………… 253

参考文献 ……………………………………………………………… 255

1 绪 论

1.1 研究背景

1.1.1 现实背景

1.1.1.1 产学研合作创新是企业发展的重要动力

从20世纪末开始,我国出台了一系列与产学研合作创新相关的政策法规来推动产学研合作发展。例如,1996年《中华人民共和国促进科技成果转化法》、1999年国务院出台的《关于促进科技成果转化的若干规定》以及一些配套的科技计划、税收优惠、知识产权制度等为产学研合作创新提供了良好的环境。2006年,我国提出"提高自主创新能力,建设创新型国家"的战略,产学研合作创新得到迅速发展,越来越多的企业、科研机构和高校开始投入产学研合作创新网络,国家也建设了许多国家级自主创新示范区,使得产学研合作创新呈现集群式发展。

企业越来越重视产学研合作,这是其在宏观经济政策、行业市场环境和企业自身条件的权衡下所作出的选择。国家要成为创新型国家,就需要大量的科研投入和创新实践。目前的市场环境要求企业不能仅仅依靠自有资源来维持竞争优势,而是要时刻关注宏观、微观和行业的变化,加之技术条件的发展,企业联盟、产学研合作开始出现并迅速发展。

从战略缺口理论来看,企业无法从现有资源中维持自己在整个行业中的领先水平,而且自我研发创新成本高、风险大。加强同供应链企业和研发机构的相互合作,可以促进企业不断创新发展,以保持自己的竞争优势。很多学者的研究都证实了这一观点。例如,樊霞等(2013)认为,参与产学研合作的企业和未参与产学研合作企业,两者的创新绩效有明显区别,参与产学研合作企业的新产品销售收入会有大幅度提高。李成龙和刘智跃(2013)认为,产学研合作的创新系统耦合,尤其是知识基础、管理系统和文化价值耦合,会通过互动过程对学习成长绩效和创新任务绩效产生正向影响。产学研合作创新是企业发展的重要动力,也是本书的一条研究主线。

1.1.1.2　社会网络是产学研合作创新发展的依托

产学研合作创新一般对高新技术产业的作用比较明显,相关研究和发展都集中在高新技术产业和战略性新兴产业。产学研合作创新发展的重要性以及国家、地方政府和企业对产学研合作创新的重视,使得许多高新技术开发区和国家级高新技术产业园区出现。产学研合作的特点决定了它不是一个单打独斗的模式,越来越多企业、高校和科研机构开始加入产学研合作。产学研合作创新网络逐步形成和完善,参与者也越来越重视自身在创新网络中的位置和作用,从而有效促进自身发展。

在这个过程中,网络的概念越来越受到重视。为了促进网络的形成和网络效应的发展,政府出台了相应的优惠政策来促进产学研合作网络的发展,北京中关村和上海张江就是两个产学研合作创新网络发展比较好的典型。曹洁琼等(2015)认为,产学研合作创新网络结构对创新绩效有显著影响,其中小世界性的两个指标——聚类系数和平均路径长度对创新绩效呈倒 U 形关系和正向影响。其格其等(2016)认为,产学研合作创新网络结构对创新绩效具有重大影响,尤其是创新网络的聚类系数、可达性等。产学研合作所形成的社会网络是产学研合作创新发展的依托,本书采用社会网络分析法对产学研合作创新进行相关研究。

1.1.1.3 生物医药产业发展的重要性

产学研合作创新网络主要产生和发展的领域是高新技术产业,但是现有研究主要集中于通信、电子或高新技术产业整体网络结构。现有的生物医药企业研究主要探讨医药制造业的网络创新效率及国际竞争力,针对其产学研合作创新网络的研究很少,已有的研究主要讨论生物医药企业产学研合作模式或网络的形成。作为高新技术产业重要组成部分之一，以及战略性新兴产业重点发展产业之一，生物医药产业在技术创新和创新绩效方面所作出的贡献不可小觑。例如，上海张江高新技术产业园的主导产业之一就是生物医药产业。

此外，近年来随着国家经济的不断发展，政府对生物医药产业的财政投入也大幅度增加。生物医药产业具有知识高度密集、技术含量高、对高水平人员的需求量大、研发周期长、投入高、风险大等特点，越来越多的企业开始寻求合作创新。现有生物医药产业的发展也是以集聚为主，不仅包括地理集群，还涵盖了人才、技术等集聚，这说明合作创新对生物医药产业创新的重要性。本书选取生物医药产业进行研究，探讨生物医药产业产学研合作创新网络对创新绩效的影响。

1.1.2 理论背景

针对现实中存在的问题，学者们作了很多研究和探索。随着产学研合作创新网络的发展，关于产学研合作创新网络的研究已经成为热点，生物医药产学研合作创新、产学研合作创新网络以及产学研合作创新网络对创新绩效的影响等问题引起了学者们的广泛关注。

1.1.2.1 产学研合作创新网络研究的主要内容

国内外创新网络的研究主要包括相关概念界定、创新网络的类型以及产学研合作创新网络的合作模式、问题与对策、保障、各方博弈、绩效、知识管理、合作网络和支撑技术。在创新网络概念的界定方面,Imai 和 Baba(1989)认为,创新网络指的是一种由技术驱动的企业、政府、研究机构之间所形成的合作创新关系,是为了规避系统性创新风险而形成的网络。Freeman(1991)将"创新网络"和"创新者网络"用来表达企业间的合作行为,并将这种行为理解为企业间的联网行动。他对"创新网络"的界定是基于 Imai 和 Baba(1989)对创新网络的定义。Nonaka 和 Takeuchi(2008)的研究表明,创新网络可以为正式组织和非正式组织在获取知识和文件等方面起到工具的作用。王大洲(2001)对企业创新网络的演化和管理进行了综述,并提供了后续研究的关键点和线索。Autant-Bernard 等(2012)将创新网络视为核心企业为了研发活动所动员的一系列参与者基于已设定的联系而建立起相应的网络。他们在该网络中主要探讨知识网络。

从地理经济学的角度来看,连远强(2016)认为,创新网络的研究类型主要包括企业层面的联盟创新网络、产业层面的集群创新网络和区域层面的共生创新网络。在联盟创新网络方面,Demirkan 等(2012)对网络惯性进行了深入研究,并引出如何回答联盟网络演化的相关问题。Roxenhall(2013)的研究证明,联盟创新网络的规模并不一定会促进创新的产生和发展,过大或过小的规模都会影响创新的产生和发展。赵建吉(2013)提出技术守门员的分析框架并使用张江的集成电路产业进行验证,说明了技术守门员在创新网络中的重要作用。在集群创新网络方面,王飞和毛睿奕(2011、2012)基于国家知识产权局专利检索数据库建立了张江生物医药产学研合作创新网络并将网络可视化。Doepfer(2012)认为聚集的同时也要实现开放式创新,促进开放式创新也要考虑空间和地理的作用。Wang 和 Rodan(2014)对集群创新网络进行了扩展,引入创新学习的社交网络。在共生创新网络方面,Panapanaan(2014)认为,区域层面的创新至关重要,并提出 SAMPO 的生态创新战略模型。Chaminade(2015)研究发现,全球创新体系不仅包括区域层面的创新网络,还涵盖网络自身所呈现出的体系,所以创新不可以脱离本区域的实际特征,应结合该区域的具体情况进行重建。

产学研合作创新网络的模式、问题及对策的相关研究也有很多。例如,卢仁山(2011)通过主成分分析法研究如何在不同类型的产学研合作中实现利益分配,而且在此基础上将利益分配总结为三种类型,并对不同类型之间的分配进行比较分析。Herstad 等(2014)对产学研合作创新网络的拓扑性质进行研究,并将社会网络和复杂网络的拓扑性质进行分析,指出两者之间的相似性,说明社会网络的研究逐渐趋向于复杂网络。曹霞、刘国巍(2014)使用博弈论和仿真学对产学研合作创新网络进行分析,并使用演算算法研究了产学研合作创新网络的演化规律。张艺等(2016)利用社会网络分析法对产学研合作创新网络的拓扑性质进行刻画。

1.1.2.2 产学研合作创新网络结构特征对创新绩效影响研究的主要内容

现有关于产学研合作创新网络对创新绩效的研究主要从产学研创新网络的创新能力、特征、产学研创新网络的因素及主体等方面开展。例如,Simsek(2003)认为,创新网络的发展能够带来关系强度的增加,从而促进知识传播,进而提升创新绩效。Zeng,Xie和Tam(2010)认为,中小企业的创新绩效会因为和供应链企业或科研机构合作而提高,但是和政府之间的合作对其创新绩效的影响不明显。Arranz等(2011)认为,网络机构、发展过程及管控都会对企业的创新绩效产生影响,所以企业创新绩效可以通过组织设计和结构安排来提高。洪茹燕(2012)认为,集群企业的创新网络对其创新绩效有正向影响。集群企业创新网络通过影响创新搜索,进而作用于创新绩效。吸收能力和环境不确定性,在集群企业创新网络对创新搜索的作用机制中发挥着重要的调节作用。其格其、高霞和曹洁琼(2016)认为,产学研合作创新网络的聚类系数和可达性会对创新绩效产生正向影响,也会对滞后期的创新绩效产生正向影响。当然,也有学者认为,产学研合作创新网络对创新绩效也会产生不利影响。例如,王保林和张铭慎(2015)认为,产学研合作要适度,同时政府需要为提升市场化水平出谋划策,以促使产学研产生更多的效益,克服边际效益递减。

1.1.3 现有研究的局限性

现有研究主要有以下几点局限性。

(1) 内容重复和研究方法相似。现有关于产学研合作创新网络的研究较集中于网络创新的形成、合作模式和对策研究,且内容重复,研究方法相似,研究内容多为宏观设计,数据分析较少,缺乏理论推导和实证分析,研究的统一性和规范性不够。这会导致现有的研究方法受到限制,研究内容缺乏对实际情况变化的实时监控。过多的同类研究也导致很多学者误以为产学研合作创新网络的相关研究已经很成熟。同时,对已有的网络形成机制研究未能得到一个统一规范的阐述。因此,我们需要加强对网络动态的研究,运用更加适合的方法规范和更新现有产学研合作创新网络的研究。

(2) 缺乏社会网络分析方法的实证研究且应用有待深化。现有研究中实证研究较少,已有的研究多是采用问卷调查的抽样方法,得出一个统一的结论再加以推广,这值得商榷。因为网络数据的特殊性,想通过调查问卷获取数据来实现归纳和演绎往往在精确性和严谨性上存在质疑。很多研究打着社会网络分析的幌子,采用的却是结构方程和回归分析的方法,无法真实地反映产学研合作创新网络的真实情况,即使使用了社会网络分析,大部分也是在对网络的结构特征进行分析后戛然而止。

1.2 研究问题的提出和研究意义

1.2.1 研究问题的提出

综上所述,虽然已有较多关于产学研合作创新网络的研究及其与创新绩效关系的研究,但是现有的研究过多关注网络的形成、合作模式、问题和对策、演化、形成因素及其对创新绩效的影响,还需要在研究方法的深入、多重关系研究、网络形成过程模型研究等方面深入探讨,所以本书提出以下研究问题。

本书的主要研究问题是生物医药产学研合作创新网络对创新绩效的影响。基于该主要问题,细分为以下四个方面展开研究。

(1) 产学研合作创新网络的形成及其和创新绩效关系的研究。解学梅和徐茂元(2014)利用调查问卷和多元回归分析的方法分析了协同创新、协同网络和创新绩效三者之间的关系。关于网络形成机制和创新绩效的研究更是少之又少,虽然协同创新和合作创新的区别没有明确提出来,但是两者也不能等同,从这个意义上来说,产学研合作创新网络和创新绩效之间有着紧密的联系,对该部分深入研究有利于网络更好地发展和创新绩效的提升,故将产学研合作创新网络的形成机制与其对创新绩效的影响结合起来研究具有必要性。

(2)我国的生物医药产学研合作创新网络的现状及演化过程、现存的生物医药产学研合作创新网络是如何形成的。现有关于产学研合作创新形成的研究也不少,从不同区域、不同行业和不同视角开展的研究都有,例如,赵骅和夏汉武(2011)从社会网络分析的角度出发研究集群网络信任形成机制。张建军(2012)对关中—天水经济区创新网络的形成过程进行了研究,最终得到了以政府为主导的区域创新网络形成机制。郝涛(2015,2016)从系统动力学视角出发对企业技术创新网络的形成过程进行研究。宋晶和孙永磊(2016)运用扎根理论分析了创新网络能力的影响因素、形成过程,并对西安高新区的高新技术企业进行了实证分析,对已有的形成过程进行验证。虽然视角不同,方法有差别,但是对形成过程的研究结果很多都是相似的,所以需要对现有的产学研合作创新网络的形成过程进行统一和规范化研究。

(3)运用社会网络分析研究产学研合作创新网络结构特征对创新绩效的影响。如何对已有数据进行科学分析,并将一个不完整不对称的网络推广应用到整个网络是网络研究中需要解决的关键问题。问卷调查往往是对大量的受访者进行抽样,来获取自己所需要的信息,其中抽样的规范性、对结果的推演等都需要考证。而社会网络分析使用矩阵数据,可以完整呈现出一个网络的结构并对其拓扑性质进行分析,虽然也会面临着抽样问题,但是在很多个体网络和局部网络研究中抽样问题可以得到有效解决,而且整体网络也可以得到实证。所以相对于现有的方法,社会网络分析更适用于解决抽样问题。

(4) 现有的研究大多停留在对网络结构和拓扑性质的刻画上,对关系的研究不够深入,那么如何研究多样关系并进行社会网络分析。运用社会网络分析法对产学研合作创新网络研究,很多都停留在网络结构的刻画或拓扑性质的分析上(例如,马艳艳等(2011);刘凤朝和徐茜(2012);刘凤朝等(2013);高霞和陈凯华(2015)),已有关于合作创新网络的结构和拓扑性质对创新绩效影响的研究也多是使用回归分析和结构方程。也有关于产学研合作创新网络对创新绩效影响的社会网络分析,但多是使用专利来刻画网络,也有除专利以外,使用合作项目与新产品开发等衡量创新绩效。所以需要使用社会网络分析,通过产学研合作创新网络的构建、结构特征,进一步深化到拓扑性质,进而研究其对创新绩效的影响。

针对第一个问题,现有研究很少将两者联系起来,分别研究网络形成和网络结构特征对创新绩效影响文献是存在的。通过文献综述可以发现,两者之间存在一定的关联性:首先明晰产学研合作创新网络的现状及结构,其次理清该网络形成的过程,才能很好地解释为什么经济发展热衷于搭建合作创新网络,最后探讨网络结构特征对创新绩效的影响。

基于现有研究所呈现的不足之处,本书主要分析以下三个问题。

(1) 我国生物医药产学研合作创新网络的现状及网络结构如何。

(2) 现有的生物医药产学研合作创新网络是如何形成的。

(3) 已形成的网络所具有的结构特征对创新绩效会产生何种影响。

本书通过对这三个问题的研究,有效深化了网络的分析并将其与网络所发挥的作用结合起来,有助于读者更好地理解生物医药产学研合作创新网络发展的重要性。

基于提出的三个问题,本书首先从网络的现状出发,对网络结构进行社会网络分析,并探讨其网络形成过程;然后在此基础上从微观层面展开定量研究,运用关系数据打破现有研究方法的瓶颈,采用社会网络分析法研究已形成的网络所具有的结构特征对创新绩效的影响。

本书研究的第一个问题"我国生物医药产学研合作创新网络的现状及网络结构如何"将在第3章得到解决。第二个问题"现有的生物医药产学研合作创新网络是如何形成"将在第4章得到解决,而且为了验证形成过程模型的可行性,通过张江生物医药产学研合作创新网络进行案例验证。第三个问题"已形成的网络所具有的结构特征对创新绩效会产生何种影响"将在第 5 章得到解决,第 6 章将在第 5 章研究的基础上提出提升我国生物医药产学研合作创新绩效的建议。

本书是从方法上和视角上进行创新,突破现有单纯依赖于问卷调查,结构方程和回归分析的瓶颈。产学研合作创新网络的网络特性可以避免传统的使用问卷调查的方法所产生的抽样不准确以及研究偏差。本书将使用社会网络分析方法进行研究,涵盖了数据收集到数据分析的所有内容,并且致力于关系研究,这将是本书实证分析的重点与难点之一。

1.2.2 研究的理论意义

本书从社会网络分析的角度出发,首先,对生物医药产学研合作创新网络进行社会网络分析,包括凝聚子群分析和小世界性分析等;其次,统一和规范生物医药产学研合作创新网络的形成过程;最后,探究网络的结构特征和创新绩效之间的紧密关系,并结合全球和全国生物医药产学研合作创新网络的经验提出提升生物医药产学研合作创新网络的建议。本书的理论意义包括两个方面:一是运用社会网络分析,对产学研合作创新网络的结构特征对创新绩效的影响展开分析,并研究了两者之间的关系,这将社会网络分析扩展到实证分析,丰富了社会网络分析在实证研究方面的应用,为社会网络分析的研究作出贡献,并且为产学研合作创新网络对创新绩效的研究提供了新的方法;二是对产学研合作创新网络的形成过程进行了统一和规范化的研究,对现有研究进行了创新。

1.2.3 研究的现实意义

越来越多的企业开始积极响应建设创新型国家战略,投入产学研合作创新网络中,但是加入产学研合作创新网络是否一定会为企业带来创新发展仍有待商榷。虽然很多研究表明了创新网络的积极作用,但是也有研究开始注意到网络的消极作用,例如,网络规模、产学研合作规模、网络的小世界特性和凝聚性等都会为企业的创新带来不利影响。本书将会解决生物医药企业在这方面的困惑,并提供对策和建议,为企业更好地参与产学研合作创新提供思路和方法,使生物医药企业在产学研合作创新中获取最大效用,而且让上海市生物医药企业对自己在产学研合作创新网络中的位置和角色有进一步的了解,使其能够在此基础上最大化有利因素和最小化不利因素,促进上海市生物医药企业的创新发展,同时对其他与生物医药产业类似或关联度较大产业的发展也具有借鉴作用,为我国发展成为创新型国家作出自己的贡献。

1.3 研究思路和研究方法

1.3.1 研究思路

本书研究思路如下:一是在创新理论和产学研合作创新网络的基础上,对现有的生物医药、产学研合作创新网络和创新绩效的概念进行界定并对其相关研究进行综述,探讨现有的产学研合作创新网络的形成和创新网络对创新绩效的影响,从而提出本书要解决的问题;二是对生物医药产学研合作创新网络的现状、演化及结构和形成进行社会网络分析,说明产学研合作创新网络的形成及其与创新绩效之间的关系,探讨网络形成的重要原因;三是构建产学研合作创新网络和创新绩效之间的理论模型,并对创新网络的具体结构特征进行社会网络分析,以更好理解该网络;四是研究产学研合作创新网络的结构特征对创新绩效的影响,运用社会网络分析法从参与者属性、中心性、结构洞和小世界特性等方面进行研究;五是提出对策和建议。本书的具体研究思路如图1-1所示。

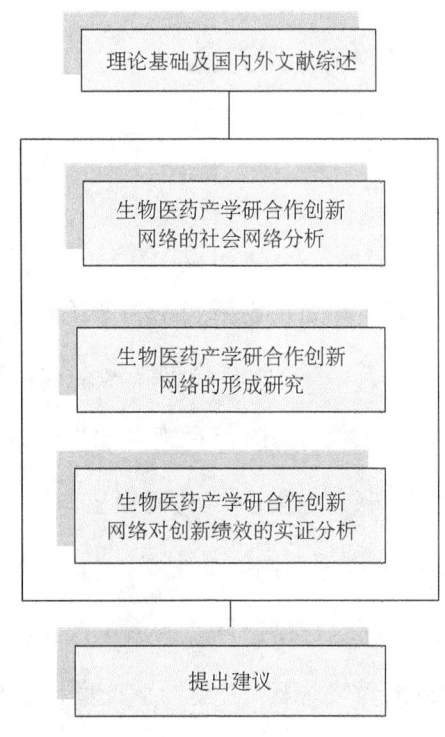

图 1-1 研究思路

1.3.2 研究方法

目前已有文献中,单独研究产学研合作创新网络形成和产学研合作创新网络对创新绩效影响的研究较多,其中产学研合作创新网络形成方面的研究更多,但是对于两者之间关系的研究少之又少。既然产学研合作创新网络会形成,这个网络的形成与其创新绩效的关系如何,以及网络本身的特性对创新绩效的影响如何,都是本书需要解决的问题。本书主要使用文献分析法、扎根理论分析法和社会网络分析法三种方法,具体如下。

(1) 文献分析法。文献分析法主要是对已有的相关文献进行整理和研究,找出现有研究中不足的地方并明晰自己要研究的问题。文献回顾的重点是发现自己要研究的问题并结构化,同时清晰地了解自己要研究的问题。本书的文献回顾主要包括两个方面:①首先是对生物医药产学研合作创新网络的理论背景进行文献回顾,其次通过对生物医药、产学研合作创新网络和创新绩效概念进行界定并总结其相关研究,发现现有研究的局限性,最后结合研究的理论背景,提出本书主要解决的问题。②研究假设的提出是在已有研究的基础上探究本书研究的主要问题,这也需要大量地使用相关文献。

(2) 扎根理论分析法。扎根理论是定性研究方法之一,需要从大量的经验资料中建立理论。该理论不需要研究假设,从实际情况出发,收集大量的资料,发现其中的共性,从而上升为一种理论。所以,扎根理论是自下而上的理论构建方法。本书主要利用扎根理论来研究生物医药产学研合作创新网络的形成过程。现有关于产学研合作创新网络形成的研究较多,但是关于产学研合作创新网络形成的规律和机制尚未形成,而且关于生物医药行业的相关研究更是少之又少。本书致力于运用扎根理论,并结合现有的研究和生物医药的特征,构建生物医药产学研合作创新网络的形成模型。

（3）社会网络分析法。社会网络分析是20世纪末广泛使用的一种研究方法。经过几十年的发展,它已经形成了自己的研究范式,侧重对社会关系的研究,重视对现有社会规律的了解和运用,是研究网络的重要方法。本书的社会网络分析法贯穿始终。首先,在研究生物医药产学研合作创新网络形成的基础上,对网络本身的性质进行社会网络分析,侧重网络的构建、网络的凝聚子群分析和小世界性分析;其次,运用社会网络分析所得到的性质,研究网络结构特征对创新绩效的影响,现有的影响研究多使用调查问卷,运用结构方程等方法,本书使用社会网络分析,借助于已有的网络信息进行矩阵化处理获得原始数据,利用社会网络分析探讨社会关系,其中会涉及关系的相关性研究;最后,利用社会网络分析对社会关系进行回归分析。这是本书的难点,也是创新点。

1.4 研究内容和技术路线图

1.4.1 研究内容

本书主要研究生物医药产学研合作创新网络的形成及形成后的产学研合作创新网络对创新绩效的影响。全书共7章,具体的研究内容如下。

第1章:绪论。该部分先分析研究背景并提出问题。研究背景主要包括两个方面:现实背景和理论背景。现实背景从产学研合作创新是企业发展的重要动力、社会网络是产学研合作创新发展的依托和生物医药产业发展的重要性三个方面进行阐述。理论背景则简要说明了产学研合作创新网络、创新网络的形成以及创新绩效和生物医药企业研究的局限性,具体包括以下三个方面:①产学研合作创新研究的主要内容,②合作创新网络研究的主要内容,③产学研合作创新网络对创新绩效影响研究的主要内容。在上述基础上,本章阐明研究的目的、理论意义和实际意义,明确研究的内容和思路,并说明研究方法和技术路线。

第2章:相关文献综述。本书文献综述主要包括四个方面内容:首先,阐述研究概念的界定及相关理论基础,包括生物医药、产学研合作创新网络及创新绩效,从社会网络分析的相关理论和合作创新网络的相关理论着手;其次,对生物医药产学研合作创新网络的形成问题进行综述,包括生物医药的相关研究、产学研合作创新网络的相关研究及网络形成问题的相关研究;再次,从理论和实证两个角度展开,结合国内和国外,阐述产学研合作创新网络结构特征对创新绩效的影响研究;最后,对文献进行述评,分析以上文献存在的不足,提出本书主要解决的三个问题,并具体分析如何在后续的章节中加以解决。

第3章:生物医药产学研合作创新网络的社会网络分析。该部分的重点是运用社会网络分析来对生物医药产学研合作创新网络的现状和演化进行分析,进而构建上海市生物医药产学研合作创新网络,并对其进行凝聚子群和小世界性分析,主要包括三部分内容:①生物医药产学研合作创新网络的构建,②上海市生物医药产学研合作创新网络的社会网络分析,包括凝聚子群分析和小世界分析,③对生物医药产学研合作创新网络的分析结果进行归纳和总结,并提出相应的对策和建议。

第4章:生物医药产学研合作创新网络形成研究。该部分的目的是介绍生物医药产学研合作创新网络的形成过程,并针对张江的生物医药产学研合作创新网络进行案例验证,利用扎根理论,主要从生物医药产学研合作创新网络形成的参与者、资源和活动三个方面进行阐述。具体包括三个方面内容:①我国生物医药产学研合作创新网络概述,②生物医药产学研合作创新网络形成的扎根理论分析,③模型的构建,并以张江为例进行案例验证。这部分的重心是基于ARA模型,通过扎根理论来对生物医药产学研合作创新网络的形成进行归纳和总结。

第5章:生物医药产学研合作创新网络结构特征对创新绩效的影响研究。这部分主要包括六个方面内容,重点是研究假设的提出、模型的构建和模型的实证分析。研究假设的提出及模型的构建主要包括研究假设和理论模型构建两个部分。实证分析涵盖了三个方面内容:网络的构建;验证假设①、假设②和假设③;实证结果分析。具体包括:①上海生物医药产学研合作创新网络的构建及分析,②上海市产学研合作创新网络参与者属性分析,③产学研合作创新网络结构特征对创新绩效的影响分析。

第 6 章:生物医药产学研合作创新网络的经验及对策建议。该部分主要通过全球生物医药产学研合作创新网络的经验和我国生物医药产学研合作创新网络的发展,提出提升产学研合作创新网络创新绩效的对策建议,具体包括以下内容:①全球生物医药产学研合作创新网络的经验,②我国生物医药产学研合作创新网络的发展,③提升创新绩效的对策建议,具体对策建议可以细分为社会网络层面、产学研合作创新层面和政府层面的优化建议。

第 7 章:研究结论与创新点。该部分主要对本书的研究进行总结,并提出本书的主要创新点,在此基础上说明本书研究的局限性和对未来研究的展望。

1.4.2 研究框架和技术路线图

本书的研究框架和技术路线图如图 1-2 所示。

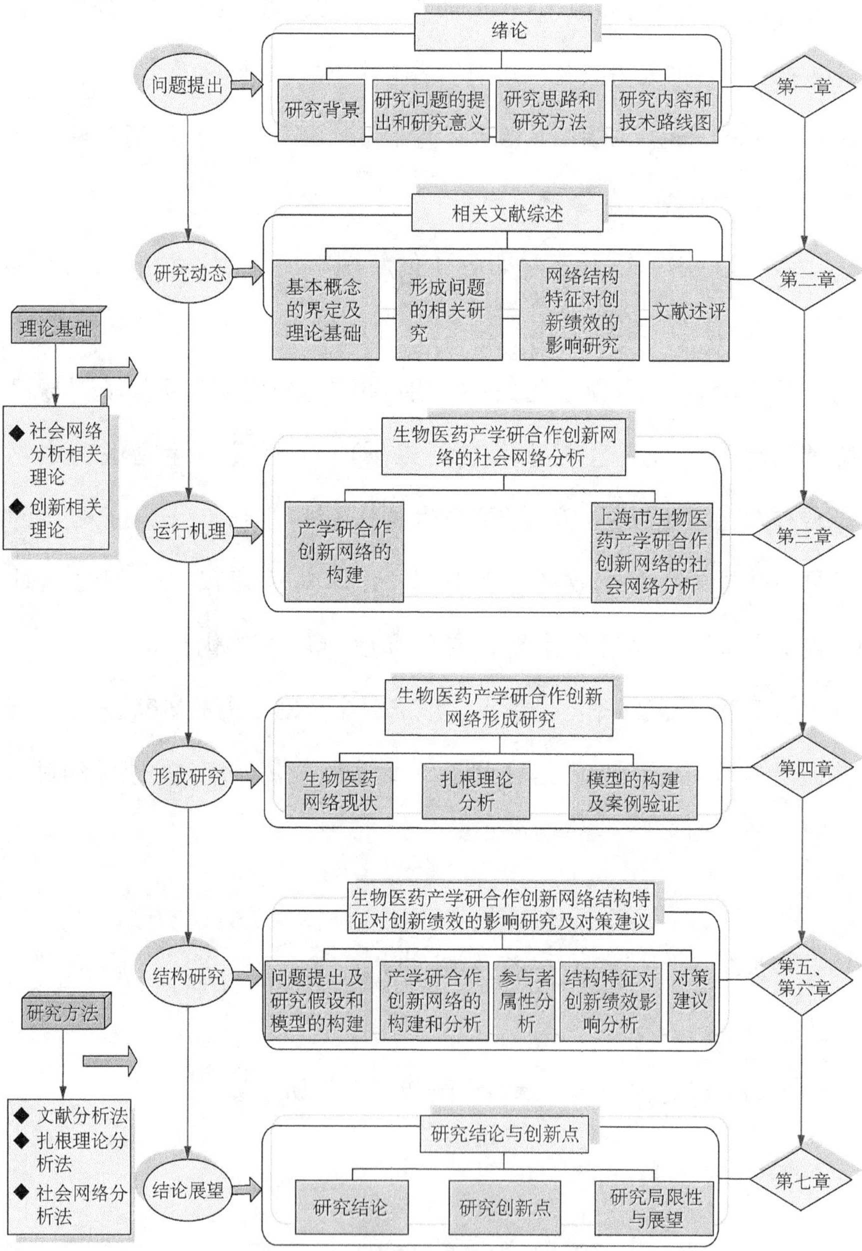

图 1-2　本书研究框架和技术路线图

2 相关文献综述

2.1 基本概念的界定及理论基础

2.1.1 基本概念的界定

2.1.1.1 生物医药产业的界定

生物医药产业得益于生物技术和制药业的发展,所以很多研究都认为生物医药产业由生物技术产业和医药产业共同组成。生物医药产业是国民经济的重要组成部分,也是国际公认的高技术产业之一。根据经济合作与发展组织(Organization for Economic Co-operation and Development,OECD)的定义,研究开发强度在8.75%~24.03%的产业属于高技术产业。生物医药产业同航空航天、电子及通信、计算机等产业一起位列其中。同时生物医药产业与新材料、新能源、高端装备制造及节能环保等均属于战略新兴产业的主导产业,2006年出台的《我国中长期科学和技术发展规划纲要

（2006—2020）》中重点强调要发展战略新兴产业，促进我国成为科技创新强国。生物医药产业作为一种新兴产业，近些年在国内得到了快速发展，但是生物医药产业尚未形成一个统一的定义，接下来本书将对生物医药产业的概念进行界定，并阐述本书所研究的生物医药产业的范畴。

经过梳理发现，目前各国对生物医药产业的定义虽然仍有差异，但其有相通的地方，而且基本观点一致，只是尚未形成统一的定义。本书在资料收集过程中选取了相关定义，如翁海涛等（2003）、Chiesa 和 Chiaroni（2005）、徐徕（2005）、吕丽莉（2006）和张佳华（2016）等，具体如表2-1所示。

表2-1 生物医药产业的定义

作者	观点
翁海涛等（2003）	将生物医药产业细化，可以从广义和狭义两个方面来阐述。广义上，涵盖了与生物技术相关的产业以及其他相关产业。狭义上，主要指生物技术产业，包括以细胞技术和基因技术等为基础的产业
Chiesa 和 Chiaroni（2005）	生物医药产业主要是由生物技术和制药企业组成
徐徕（2005）	生物医药产业是高新技术产业之一，包括与生物制品、化学药品及制药、医疗器械等相关的研发企业
吕丽莉（2006）	生物医药产业包括现代生物技术及相关新药品的开发等

2 相关文献综述

(续表)

作者	观　　点
张佳华(2016)	生物医药技术具有三个特点：①以生命科学为理论支持，②研究客体为生命体及相关生物结构，③作为一个科学体系，该体系秉承市场导向，对各类生物产品进行研究并提供服务

资料来源：作者根据相关文献整理。

　　本书研究的生物医药产业引用翁海涛等阐述的广义的生物医药产业的定义，生物医药产业既包括现代生物技术产业，也包括与现代生物技术相关的制药业、新药品开发等。其中生物医药技术的定义引用张佳华对生物医药技术的定义。所以本书研究生物医药产业范围比较广泛，包括生物技术企业、制药企业、医疗器械企业，如药物制造、新药开发、疫苗制剂、基因工程、蛋白抗体、基因治疗、器官再生、电子医疗、医学影像、分子诊断和医疗仪器等。生物医药产业的具体分类如图2-1所示。

　　通过以上分析，本书主要研究的对象是生物医药产学研合作创新网络中的参与者，不涉及对生物医药产业中医药产业和生物技术产业两者之间的研究。虽然本书选择建立生物医药产学研合作创新网络，但是主要研究生物医药产业中参与者及其基于某种关系构建的网络所发挥的作用，研究对象是生物医药产业整体网络中的个体，包括生物医药企业、生物医药科研机构及相关高校等。

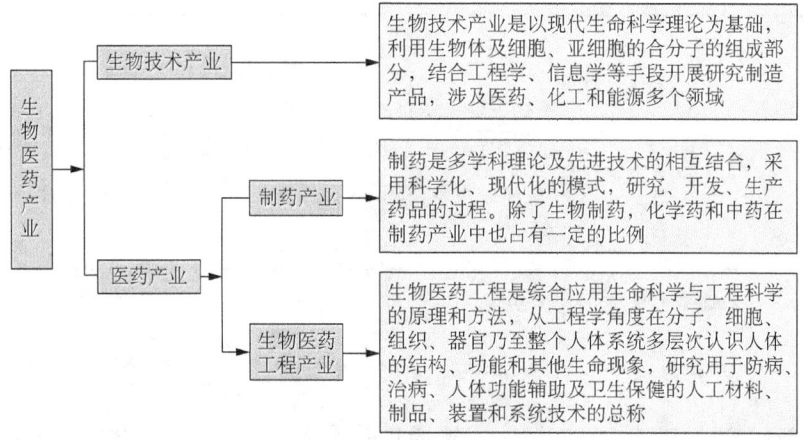

图 2-1 生物医药产业的划分

2.1.1.2 产学研合作创新网络的界定

在大数据时代,企业如果想在竞争中保持优势,就应当避免使用单打独斗的方式,所以越来越多的行业联盟和企业合作开始出现。战略缺口理论认为,企业可以在其领域内的某一方面保持优势,如技术或者人力资本,但是不可能在该领域内的所有方面都保持领先地位,因为这样成本太高,而且企业想统筹所有资源也不可能。企业与其耗费大量的成本,不如与具有优势的其他企业或科研部门合作,实现优势互补。所以越来越多的企业开始生产外包,尤其是高新技术企业。因为高校和科研机构有更多的研发人员和较好的研发氛围,企业开设专门的研发部门需要大量的精密机器、设备以及人员,这需要大量的资金且风险比较高,因此合作创新越来越成为高新技术企业发展的重

2 相关文献综述

要模式。

　　本书主要是对合作创新网络的形成及其与创新绩效之间的关系进行研究,其中涉及创新网络、产学研合作创新等关键词。本节将对本书所需要的创新网络和产学研合作创新两个关键词进行界定和阐述。

　　(1) 创新网络的界定。

　　日益重要的合作创新模式会促成网络的形成,合作创新网络的形成更有利于创新的产生和发展,如此便会有越来越多的企业参与合作创新网络。高校和科研机构的重要性在逐步增加,它们也乐于和企业合作促进研究成果的市场转化,从而进一步促进技术的进步和市场的完善与发展。

　　国内外有许多著名的产业园区,如"硅谷""新竹""张江""中关村"等,这些园区向我们展示了集群的力量,也说明了创新的价值。它们都在各自的区域或世界范围内发挥着它们的影响力。这反映了现代企业已经不可能自我独大、单独行事,网络正在凸显着自身价值,哪怕是跨国公司这样的巨型企业都需要与其他组织合作创新,加入创新网络中才能保持企业的持续竞争力。创新的关键也从企业开始转向网络。

　　目前关于"创新网络"的定义来源于《研究政策》(*Research Policy*)。该杂志开设了创新网络的研究专集,在这次研究专集中作出巨大贡献的是 Freeman(1991)。他将"创新网络"和"创新者网络"用来表达企业间的合作行为,将这种行为理解为企业间的联网行动。他对"创新网络"的界定是基于 Imai 和 Baba(1989)对创新网络的定义。Imai 和 Baba(1989)认为,创新网络是一种技术驱动,由企业、政府、研究机构之间合作创新关系所组成,为了规避系统创新风险而形成的网络。后来这一定义得到了广泛的发展和完善。例如,Nonaka 和 Takeuchi(2008)、Koschatzky(1999)、Harris(2000)、王大洲(2001)、Dhanaraj 和 Parkhe(2006)、Ojasalo(2008)和 Autant-Bernard(2012)等对该定义进行了完善,具体如表 2-2 所示。

表 2-2 创新网络定义的发展

作者	观点
Imai 和 Baba(1989)	创新网络是一种技术驱动,由企业、政府、研究机构之间合作创新关系所组成,为了规避系统创新风险而形成的网络
Freeman(1991)	用"创新网络"和"创新者网络"用来表达企业间的合作行为,并将这种行为理解为企业间的联网行动
Nonaka 和 Takeuchi(2008)	创新网络可以为正式组织和非正式组织在获取知识和文件等方面起到工具的作用
Koschatzky(1999)	创新网络为知识的产生、扩散及学习提供了一种不紧密、重新构造及非正式的方式
Harris(2000)	创新网络是集合不同的参与者为了创新的产生和扩散协同合作,贡献自己的能力

2 相关文献综述

(续表)

作者	观 点
王大洲(2001)	对企业创新网络的演化和管理进行了综述,并提供了后续研究的关键点和线索
Dhanaraj 和 Parkhe(2006)	企业本身就是一种创新系统,虽然联系不紧密,但是存在着正式和非正式的联系
Ojasalo(2008)	创新网络的产生是由核心企业引导的,为了某项研发活动获取多方参与者的共同合作而形成的
Autant-Bernard(2012)	创新网络的产生是为了更好地传递知识

资料来源:作者根据相关文献整理。

综上所述,现有文献对创新网络并没有统一的定义,但是通过现有的定义,本书的创新网络应该包括以下三重含义:首先,创新网络为了规避系统性创新风险而形成;其次,创新网络体现了企业、政府、研究机构及大学之间所形成的合作创新关系;最后,创新网络既具有边界性也具有开放性。

(2) 产学研合作创新网络的界定。

合作创新网络从不同角度可以分为不同的种类,如从社会网络的角度可以分为整体合作创新网络和个体合作创新网络。企业创新网络既可以指企业作为一个节点或个体而组成的一个网络群体,也可以指围绕某一个企业而形成的创新网络。例如,陈文婕等(2016)从个体网的角度出发,通过对丰田进行研究,得到了丰田的汽车技术合作网络,并对该网络的拓扑性质进行分析。按照网络参与的个体不同又可以把网络分为科研机构间的合作网络、企业间的研发合作创新网络和产学研合作创新网络等。现有研究更多侧重产学研合作创新网络的研究,因为产学研合作创新网络是目前最普遍且最有效的合作创新网络。

本书从社会网络的整体网络角度出发,结合网络参与者探讨产学研合作创新网络,主要研究生物医药产业中参与者之间的合作创新网络。

2.1.1.3 创新绩效的界定

不同学科层次对创新绩效的理解以及界定都有区别,所以创新绩效尚未有一个统一的概念。目前关于创新绩效主要有三种观点:①结果论。结果论观点认为,探讨一个企业的创新绩效,研究结果更容易体现其价值,而且结果指标也更方便获取和衡量。②过程论。过程论观点认为,单纯地使用结果去衡量企业的创新绩效无法反映企业创新的真实情况,所以需要以目标为导向,研究目标实现过程中所发生的一切和创新有关的行动和过程。③过程和结果论。过程和结果论观点是过程论和结果论两者的综合和提炼。该观点认为,创新绩效的产生是过程和结果的辩证统一,创新绩效既是过程的结果,也是结果实现的必经过程。

很多学者将创新绩效和技术创新绩效混为一谈,而忽略了企业的创新绩效不仅仅局限于技术创新,还包括社会、文化方面的创新等。对创新绩效的衡量也较多地使用经济效益指标,如创新产品销售额占总产品的销售额,但是创新绩效因为涉及方面不仅仅局限于技术和经济,还会涉及环境和社会,所以指标的衡量体系也有待于提升,众多学者和机构在创新绩效指标的构建过程中作出巨大贡献,如欧盟和OECD制定了欧美创新评价指标体系、西欧创新调查委员会(CIS)增加了各生命周期内的销售收入及与其占比相关的两个指标,Cooper(1985)提出了八种衡量指标。Hagedoorn和Cloodt(2002)将创新绩效分为两类。池仁勇(2003)和钱燕云(2004)分别在已有的基础上,增加了技术创新绩效影响因素的分析,具体如表2-3所示。

表2-3 创新绩效的衡量

学者或组织	时间	观点
欧盟和OECD	20世纪80年代	欧盟创新评价指标体系(EIS/IUS)
Cooper	1985年	八个衡量指标,除了和新产品相关的六个财务指标,还涉及了创新程序和创新计划成功两个指标
西欧创新调查委员会	1993年	增加了各生命周期内的销售收入及与其占比相关的两个指标,但是鉴于指标搜集的难度比较高,后期多使用创新产品占总产品的比例来衡量

(续表)

学者或组织	时间	观　点
Hagedoorn 和 Cloodt(2002)	2002 年	将创新绩效分为两类：一类是成功市场化的创新，另一类涵盖了从创新开始到结束的所有过程。前者又被称为狭义的创新绩效，后者又被称为广义的创新绩效
池仁勇	2003 年	在已有的基础上，增加了技术创新绩效影响因素的分析，探讨了所有制、规模、创新方式及职能部门的协调
钱燕云	2004 年	利用数据包络分析(DEA)建立了技术创新绩效的评价指标体系，将评价体系细化

资料来源：作者根据相关文献整理。

现有学者关于创新绩效的研究更多采用已有的指标衡量体系，主要采用问卷调查的方法进行创新绩效的研究，涵盖的影响因素有知识管理、社会资本、社会网络等方面，本书将在现有社会网络研究体系的基础上使用社会网络分析，探讨社会网络的结构特征对生物医药创新绩效的影响。

2.1.2　社会网络分析的理论基础

20 世纪 30 年代，社会网络分析已经开始萌芽和发展。20 世纪

90年代之后,社会网络分析开始崛起,激发了来自社会和行为科学界人士的兴趣。社会网络分析是社会科学和行为科学的一种独特研究视角,其探讨社会实体之间的关系以及这些关系的模式和含义。在美国社会学界,社会网络研究被认为与理性选择学派和新制度论学派并列,并将其影响力扩散到其他领域;在管理学界,其成为组织行为研究、战略研究、知识传播、创新研究和消费者行为研究的新研究范式。

2.1.2.1 社会网络和复杂网络的区别和联系

"网络"本身是一个名词,但是在具体的研究情景下便具有了本体论或方法论的含义,抑或是两者兼而有之。但是本书所谈的社会网络就具有本体论和方法论两重含义,既指生物医药产学研合作创新网络本身,也指使用社会网络分析的研究方法论来指导本书的具体研究过程。由此在具体使用社会网络的过程中,我们需要将其和复杂网络区分开来。

(1) 复杂网络的发展历程。

1998年6月4日,*Nature* 发表了两位年轻的物理学家(Watts 和 Strogatz)关于网络的一篇论文。一年多之后(1999年10月15日),*Science* 又发表了另外两位年轻的物理学家(Barabási和Albert)关于网络的另一篇论文。这两篇论文引发了关于复杂网络的研究热潮。但是复杂网络的研究可以追溯到1967年哈佛大学心理学家 Milgram"六度分离"理论的提出,其是社会网络研究的一个新发现,也是我们现在经常感叹"世界真小"的理论支撑。康奈尔大学的 Watts 和 Strogatz 进一步揭示了复杂网络的小世界特性并建立了一个小世界网络模型(简称"WS 小世界网模型")。圣母大学的 Barabási 和 Albert 揭示了复杂网络的无标度性质并建立了一个无标度网络模型(简称"BA 无标度网模型"),这是对 20 世纪中叶匈牙利数学家 Erdos 和 Renyi 对随机图论(简称"ER 随机网模型")的巨大发展。而且这四位都是物理学家,所以复杂网络的发展和统计物理学有直接关系,国内复杂网络专家中统计物理学家也很多,两者的关系极其紧密,所以复杂网络起源于物理学,具有物理学的遗传基因。

(2) 社会网络和复杂网络的区别。

社会网络起源于 20 世纪 30 年代心理学家和人类学家的群体行为及非正式组织的研究。20 世纪 50 年代,Barnes 第一次使用社会网络的概念进行分析。在 Nadel 的呼吁下,Mitchell 将图论引入了社会网络分析,提出了不同社会网络类型的研究和分析框架。20 世纪 20～70 年代,在哈佛大学 White 等人的深化研究下,最终形成了现在被学者广泛使用的社会网络分析法。

杨建梅(2010)认为,从社会网络和复杂网络发生学角度最能将两者进行区分:复杂网络具有和统计物理学关系紧密、涉及关系广泛,且不仅仅局限于社会关系、计算机技术及仿真技术的依赖性、习惯寻找统计规律等特点;社会网络具有对已有的社会特征的理解、只针对社会关系进行研究、对计算机技术的依赖性较小、不需要分析关系变量所具有的统计特征、主观性数据居多、侧重个体网络的静态分析等特征,具体如表2-4所示。

表2-4 社会网络和复杂网络的区别

特征	复杂网络	社会网络
学科关联度	统计物理学	社会学、心理学、人类学
关系研究范围	社会、经济、技术等	社会关系
计算机技术依赖性	依赖性高	依赖性低
分析方法	致力于规律研究	侧重于对社会规律的理解
网络研究	侧重网络结构的演化分析	侧重于静态研究
数据特征	客观性数据居多	主观性数据居多
网络规模	大	相对较小

资料来源:作者根据相关文献整理。

(3) 社会网络和复杂网络的联系。

虽然社会网络和复杂网络之间有区别,但是两者最关键的联系是均属于图论的范畴,具体如表2-5所示。

表2-5 图论的发展历程

时间	学科	学者	贡献
1736年	数学图论	Euler	七桥问题
1847年	物理学	Kirchhoff	图论分析电路网络

(续表)

时间	学科	学者	贡献
1859年	数学图论	Hamilton	绕行问题(哈密顿回路)问题
1872年	数学图论	Cayley	四色问题
1922年	人类学	Brown	社会网络隐喻,结构功能人类学
1929年	心理学	Kohler	格式塔的心智图式
1934年	社会心理学	Moreno	社群图
1936年	数学图论	Konig	图论专著
1939年	人类学	Warner	霍桑实验等
1957年	人类学	Nadel	社会网络分析的基本思想
1950年	年代人类学	Barnes	社会网络分析
1959年	数学图论	Erdos和Renyi	随机图理论
1967年	社会学	Milgram	小世界实验
1969年	人类学	Mitchell	社会网络分析框架,整体网和个体网
1973年	社会学	Granovetter	弱连带
1976年	社会学	White	块模型
1998年	物理学	Watts和Strogatz	小世界网络模型
1999年	物理学	Barabási和Albert	无标度网络模型

资料来源:杨建梅.复杂网络与社会网络研究范式的比较[J].系统工程理论与实践,2010,30(11).

从表2-5中可以看出,图论起源于Euler的七桥问题,首先是在社会学、心理学和人类学领域内得到使用,在20世纪50年代引入社会网络分析并最终产生了当代的社会网络分析。随后 ER 随机图模型的产生促进社会网络分析逐渐成熟,最终在 1969 年形成社会网络分析框架,并将社会网分为整体网和个体网,到此社会网络分析基本定型。但是在具体的因果模型运用上还存在欠缺,即宏观的社会网理论和微观的因果模型之间缺乏桥梁,导致在具体的应用方面存在很多问题。在 20 世纪 70 年代,马克·格兰诺维特提出了镶嵌和弱连带理论,为宏观和微观之间的研究架起了中层的桥梁,最终促进了社会网络分析模型的发展和完善。随着 20 世纪 80 年代智能计算机的发展,图论逐步和统计物理学结合在一起促进了复杂网络的产生和发展,并进一步推动了图论的发展,提出了 WS 小世界网模型和 BA 无标度网模型。

综上所述,社会网络和复杂网络都源于图论,而且社会网络的发展优先于复杂网络,但是随着社会、经济和技术的发展,这种区别在缩小,大数据时代的到来使得在计算机技术的依赖程度、数据搜集和数据特征、分析方法和对网络研究之间的差别越来越小,很多学者将两者放在一个框架里进行研究和探讨。在这个过程中,初次接触社会网络领域的研究者就形成了困惑,容易产生混淆,但是无论社会网络和复杂网络如何发展,两者之间的联系如何紧密,由于起源、理论、研究传统和宗旨的存在,两者都将长期共存下去。本书主要研究生物医药产学研合作创新网络,探讨网络中行动者的关系、位置、角色,因涉及的网络规模相对较小,数据搜集可以通过现有的二手资料整理,主要是对已形成的网络进行分析和剖析,这属于社会网络分析的范畴。

2.1.2.2　社会网络分析的基本概念、分析方法和研究内容

(1) 节点、关系、关系路径。

社会网络分析是来自社会学的一种分析方法,该方法很好地将数学和图论两者联系在一起用来解决社会问题。社会网络分析中网络的建立得益于节点和边的确定,节点的概念来源于图论中顶点的概念。节点的范围比较广泛,根据研究的需求可以指具有明显个性特征的个体、法人或者非法人特征的组织及行业。边则主要来自图论中节点和节点之间的连接线,其用于网络分析的关系,指网络的节点基于何种关系联接在一起,其中关系既可以指空间联系也可以指时间联系。对关系的度量可以根据具体的研究内容及数据的可获得性加以定义,网络的关系不同所形成的网络也就有所不同,例如同一类节点,如果通过两者之间是否为朋友关系来度量,则建立的是朋友关系网络;如果通过两者是否是同事关系来度量,则建立的是同事关系网络。所以同一类节点之间所选取的建立关系不同,则形成的网络也就不同。

如果单有节点、没有边,则建立的网络没有意义,只有单个节点的网络无法探究网络的特征及网络的影响,只能说明网络的参与者规模。所以,节点之间的关系选取就显得至关重要。随着大数据的出现和发展,如何从多种关系中选取适合自己需要的关系已经成为学者关

注的重点。鉴于网络节点的选择可以基于研究需要从多角度选取,现在社会网络的研究主要有两个维度:一是从社会学和管理学的视角出发,纯粹的关系研究;二是从复杂网络的角度出发,着重于对网络结构的刻画并将网络结构与其他相关的指标做相关性统计分析。

(2)分析方法。

社会网络分析的方法很多,主要有图论、节点和边、空间表达形式、子集、块矩阵和关系模型,以及概率模型六种,具体如表2-6所示。其中以图论为基础的图形表达是最直观的结构表达方法。

表2-6 社会网络分析方法一览表

方法	指标
图论	层次指标、总体地位、地位分化、影响中心、图的中心度、整合、单极性、维度、强度、密度、度、关联度、一般可达性、短程线平均长度、连通性、二方关系、平衡、聚类性、传递性、非传递性、三方关系
节点和边	地位、点中心度、跨度、度、范围、密度、可达性
空间表达形式	节点测量的多维尺度和聚类、相似性(如结构等价性、自同构等价性、正规等价性)
子集	团伙、γ-团伙、k-丛、LS集、俱乐部、宗派、块集族
块矩阵和关系模型	平衡模型、聚类模型、传递模型、等级聚类模型、层次团伙模型、团伙结构、块模型、随机块模型
概率模型	P_1模型、随机块模型、马尔可夫图

资料来源:林聚任.社会网络分析:理论,方法与应用[M].北京:北京师范大学出版社,2009:83.

例如,图的中心度、密度、关联度、聚类性等都是社会网络分析常用的指标。其他方法也是在图论的基础上扩展开来的,如节点和边的可达性、密度、点中心度;子集中的宗派、块模型和关系模型中的聚类模型、传递模型等都是和图论紧密相关的。

矩阵表达法也是常用的方法,很多社会网络分析软件都使用矩阵作为数据导入的格式。但是矩阵和图也是相辅相成的,矩阵是图的数学表达形式,矩阵通过软件操作后以图的形式呈现。本书进行社会网络分析时原始数据就来源于矩阵表达,但是最后呈现是图的形式,对图的拓扑性质进行分析,如中心度、结构洞、凝聚子群等。

(3) 研究内容。

刘军(2009)将社会网络的研究内容按照五种标准进行分类,分别是研究作为"系统"的关系、研究作为社会情境的关系、信息和资源的传播渠道、网络类型和网络的形式及内容。其中被普遍使用的一种分类方法是按照网络类型对社会网络研究内容进行分类,可以分为个体网、局域网和整体网三类。

个体网指以一个个体为点,以与该个体产生联系的其他个体为线所组成的社会网络,对个体网络的测量主要包括相似性、规模、关系类型、密度、关系的模式、同质性和异质性。

局域网指由个体网以及和个体网相关的节点所联系的其他节点所组成的网络,它研究的范围要大于个体网,可以分为多个个体网,但是每个个体网之间是有关联的。

整体网指对一个群体内部所有节点之间的关系进行刻画所形成的网络,研究整体网,首先需要按照行动者的类别和关系对整体网进行分类,其次需要发现行动者的构成,按照不同的指标可以分为不同的网络构成,最后对网络规模、密度、距离、结构等进行分析和刻画。

本书主要研究生物医药产学研合作创新网络,这是一个整体网络,探讨生物医药行业群体内企业的产学研合作情况,可以按照产学研合作方法进行矩阵构建,有专利合作、新产品合作等。本书根据研究的可行性采用合作申请专利作为主要的分类方法来建立生物医药产学研合作创新网络。

2.1.2.3 社会网络分析相关理论

社会网络分析的发展脉络、主要概念及分析方法已在前面进行了详细的介绍。本部分主要介绍社会网络分析相关理论,社会网络的理论在 20 世纪 60 年代末已经基本形成,但是在因果模型的应用上还十分欠缺,即宏观的社会网理论和微观的因果模型之间缺乏桥梁,导致在具体的应用方面存在很多问题,由此就促进了社会网络中层理论的发展。

一方面,Harison White、Boorman、Brieger 和 Linton Freeman 由图论导演出一套数学分析方法,可以对网络结构进行测量;另一方面,中层理论发展(Harrison White 的"机会链"理论、Mark Granovetter 的"弱连带优势"理论和"镶嵌"理论、Ronald Burt 的"结构洞"理论、

Krackharclt 的"强连带优势"理论,以及 Nan Lin"社会资本"理论),两方面的发展促使社会网络理论和因果实证链接起来。中层网络的具体探索过程如图 2-2 所示。

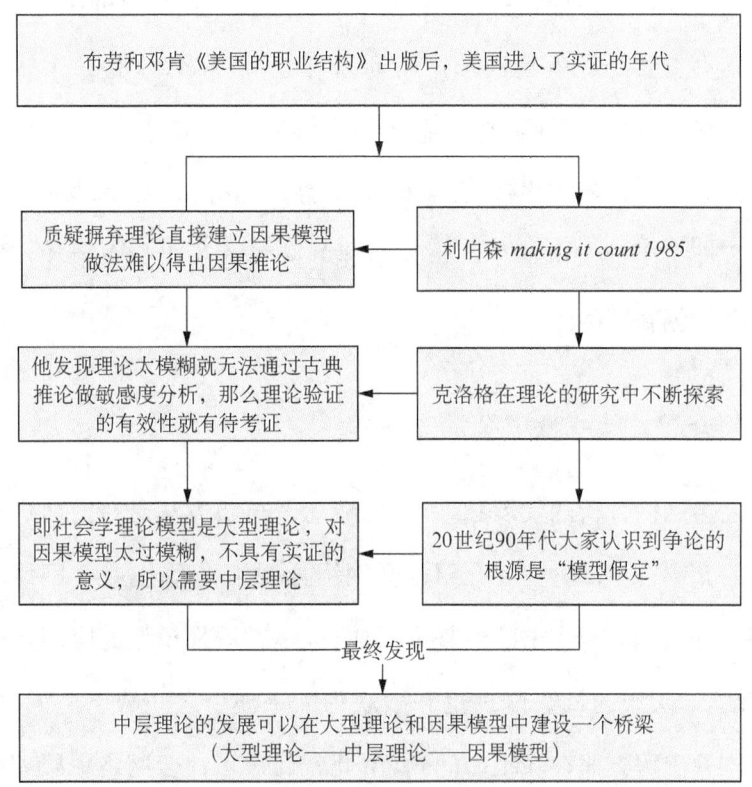

图 2-2　中层网络的探索过程

根据本书的研究内容和研究方法,接下来就 Mark Granovetter 的"弱连带优势"理论、"镶嵌"理论和 Ronald Burt 的"结构洞"理论进行简要介绍。

2 相关文献综述

(1) 弱连带优势理论。

1973年,Mark Granovetter 的论文 *The Strength of Weak Ties* 让其声名鹊起。弱连带优势理论为微观和宏观的连接提供了桥梁,一方面,微观层次的互动通过网络转变为宏观的结构形态,另一方面,宏观层次的结构形态反过来会影响很多小规模的团体。

Mark Granovetter 认为,连带可以分为三类:强连带、弱连带和无连带。团体的成员之间是强连带,每个成员之间互动频繁。团体和团体之间存在弱连带或无连带。因为团体和团体之间的成员可能存在互动,也可能不存在互动。互动较少称之为弱连带,没有任何互动称之为无连带。在这三种连带关系中,弱连带更有利于传播和社会流动,因为弱连带说明了团队 A 和团队 B 之间有成员的互动,但是十分少,可能两个团队之间只有一条线,这就意味着两个团队之间只有唯一的通道,这个通道即两个团队的桥,不然就会变成强连带,互动过多就会从两个团队变成一个团队。一旦团队 A 和团队 B 之间分享了消息,这个消息会迅速在 A 和 B 团队中传播开来。

这一观点在社会学、经济性以及管理学领域得到了广泛引用并在人际间传播,在消费和劳动力流动研究方面硕果累累。例如,Travers (1967)通过一系列的实验验证了弱连带在信息扩散上所起到的作用,众多学者的研究支持了这一观点。其中应用最多的领域是劳动力的流动。Marsden(1982)认为,弱关系可以让求职者联络到高职位人员从而获取高质量信息。Podolny(1993;1994)认为,能联系到高层的人说明自身的能力也不差,所以弱关系可以向求职单位提供求职者自身能力也不低这样一个信息机制。国内研究较多的是边燕杰,他将弱关系和社会资本挂钩,例如,边燕杰(2001;2012)认为,关系强度对求职会产生影响,弱关系会让求职者获取人情资源和信息资源。

(2) 镶嵌理论。

1985 年 Mark Granovetter 的论文 *Economic Action and Social Structure: The Problem of Embeddedness* 提出"镶嵌"的观点,这篇文章一经发表就受到了社会学领域的广泛关注,而且得到了学者们的广泛引用。

镶嵌观点主要探讨经济生活或经济行动和社会关系的关系,一种观点认为,经济行动的作出已经脱离社会关系,但是命令可以导致服从的过度社会化观点经不起实证研究的检验,这是低度社会化观点,如霍布斯的"自然状态";另一种观点认为,经济行动是完全镶嵌于社会关系中的,只假设社会结构会决定那样的结果,这是过度社会化观点。但是 Mark Granovetter 认为,经济行动是在社会网内的互动过程中作出决定的,而社会网是由社会关系构成的。运用镶嵌观点分析经济生活的信任与秩序问题时,在过度社会化的普遍道德以及低度社会化的非人性制度安排之间,发展出对具体社会关系形态分析的方法。它不会作出普遍秩序或普遍失序的预测,如升迁和努力工作只是有限关系,企业间的社会关系对秩序的贡献比原本"市场或科层"思考方式想象的要重要些，企业内的威权则没有想象得那么有效力。

很多学者在使用镶嵌观点的时候都会出现扩大解释的问题，即认为镶嵌意味着把经济行为放入社会与文化的架构之中去研究。但是 Mark Granovetter 的原始观点认为经济行动是在社会网内的互动过程中作出决定的，这意味着从两个角度去理解：一是它与新古典经济学的对话；二是其方法论的个性，既可以上承大理论的社会网理论，又可检证因果推论模型。镶嵌观点一方面调和了低度和过度社会化的观点，另一方面也质疑了"社会孤立性"的假设；一方面保留了个人的自由意志，另一方面将个人的行为置于人际关系的互动中观察，其在个体分析和整体分析之间架起了一座桥。例如，罗家德（2008）运用镶嵌观点探讨了企业的交易成本，主要讲述信任的交易成本，最终得出在权利对等的情况下交换更需要信任，而且在中国的权力交换中探讨人情的时候更适用于使用信任。简兆权（2013）将镶嵌进行细化，使用结构紧密度来度量结构镶嵌关系，进而探讨网络镶嵌对创新绩效的关系。

（3）结构洞理论。

结构洞理论是 Ronald Burt 在 1992 年出版的《结构洞：竞争的结构》一书中提出的。结构洞有四个标志性特征：竞争是一个关系问题，竞争是一种突显的关系，竞争是一个过程，不完全竞争是一个自由的问题而不仅仅是权利的问题。

结构洞理论和弱连带优势理论有相通之处，即非同一团体之间存在着唯一的联系,这个联系成为非同一团体之间沟通的唯一桥梁。而结构洞的作用在于桥梁两端的节点(也可以称为行动者),从图 2-3 可以看出,团体丙 A 和团体甲 B 及团体乙 C 都有一条联系,我们把这一条联系称为弱连带,而团体甲中其他成员如果想和团体丙取得联系,必须经过 B,团体乙中其他成员如果想和团体丙取得联系,必须经过 C,而团体丙中其他成员如果想和团体甲和团体乙取得联系,则必须经过 A,所以 A、B、C 三者便是处于结构洞的位置。

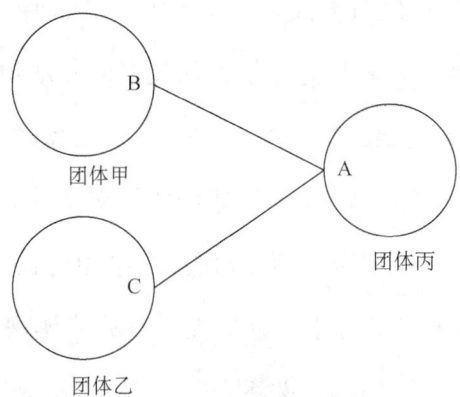

图 2-3 结构洞示例

所以,结构洞研究节点在网络中所处位置的优势,处于结构洞位置的节点掌握了大量的资源和信息,更利于信息的获取和传播。当一个团队的凝聚力非常强的时候,这个团队是不存在结构洞的,信息是流通的、公开的,这会导致大量的信息冗余,不利于信息传播。

对于创新来说,结构洞的存在比单一团队的自我研发更有利于创新的产生、发展和传播。这一论点得到了学者的论证,而且是近几年社会网络分析的研究热点。这也是结构洞理论在创新领域得到巨大发展的原因。例如,盛亚和范栋梁(2009)在原有结构洞的基础上提出了结构洞分类理论,并将该理论运用到企业利益相关者管理中;孙笑明等(2014)从动态和静态两个方面探讨了结构洞对企业创新绩效的影响并重点研究了动态结构洞的影响;冯科等(2014)以汽车行业的专利数据建立创新网络来探讨结构洞的非均衡演进对技术创新的影响。应洪斌(2016)在结合知识管理方面的基础上,探讨了结构洞对产品创新绩效的作用机制,最终得出知识检索、知识转移与结构洞和产品创新绩效之间的关系。上述针对本书主要使用到的社会网络的三个中层理论进行了详细说明,并通过文献说明了该理论在国内外的发展以及对创新的影响,接下来将对合作创新网络相关的理论问题进行阐述。

2.1.3 产学研合作创新网络的理论基础

2.1.3.1 创新理论

创新理论最早可以追溯到亚当·斯密和马克思。亚当·斯密在他的《国民财富性质和原因的研究》中提到了分工,主要集中于探讨农业、制造业和手工业,这是时代的限制,但这也体现了技术创新。因为分工会带来效率的提高,最终提高产量。马克思的生产关系和生产力的辩证思想也说明了技术创新的重要性,他提出,生产工具的不断发展和革命才能促使资本主义的不断发展,这也说明第一次工业革命、第二次工业革命和第三次工业革命的必要性,每一次工业革命都带来了技术的巨大进步,从而推动资本主义的不断发展。美国学者谢勒在其《技术创新:经济增长的原动力》一书中也提到马克思认识到经济的发展是资本积累和技术创新的结果,具体如图 2-4 所示。

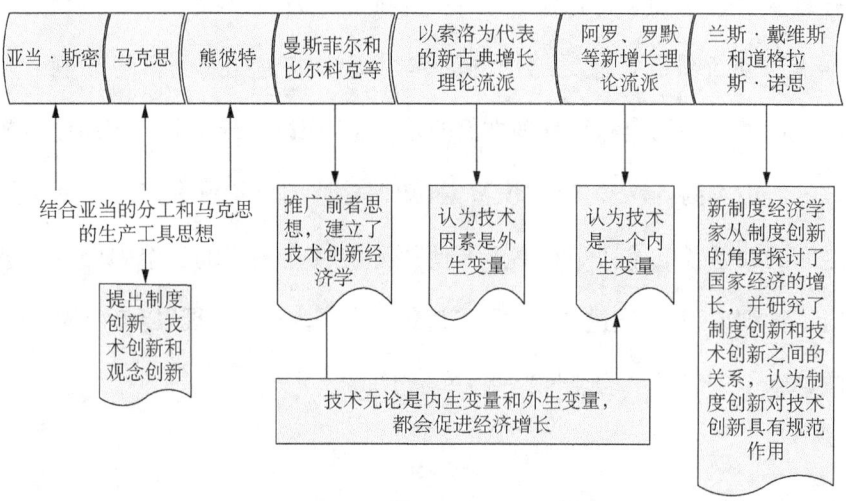

图 2-4 创新理论的发展过程

学者们最熟悉的创新理论莫过于熊彼特的创新理论,他在《经济发展理论》中提到自己对创新的理解和定义,这对后续创新的研究起到了巨大的影响作用。除此以外,经济学者创新研究还有 Freeman(1982)、Mansfield(1973)和 Toneman 对技术创新进行了新的界定,强调了技术创新的效益性,这也是经济学者对创新的主要观点,就是重视最终结果。管理学者则更加重视创新的过程,而不仅仅强调结果。例如,Peter F. Drucker(1989)认为,创新可以是一种组织,这是不同于

2 相关文献综述

以前的观点,创新也可以指具有创造力的活动;Enos(1999)认为,创新以组织为主导者,需要跨组织进行协调;等等。管理学者从一个较为宏观的角度去理解创新。

2.1.3.2 国家创新系统理论

国家创新系统理论和创新理论的发展相比是滞后且缓慢的,创新理论的其他分支在管理学和经济学等领域已经形成了比较完善的研究体系和复杂的分支,但是国家创新系统理论在1985年才被郎德威尔教授提出,随后郎德威尔(1992)和弗里曼(2008)又先后提出了这一概念。

从表2-7可以看出,20世纪末的研究主要侧重对国家创新系统的定义和概念界定,后续的研究则侧重对国家创新系统的产生和演化进行研究,以及对影响因素进行说明,并对模型进行改进。目前关于国家创新体系的定义尚在发展中,尚未形成统一的观点。但是无论国家创新体系如何发展,都必须要结合一国的具体情况,以国家的发展为目标,结合技术、制度和管理等因素促进国家创新的稳定健康发展。

表2-7 国家创新系统观点一览表

作者	观 点
波特(1989)	国家在国家创新系统中的角色更多是协调和辅助,而不是主导

(续表)

作者	观　点
郎德威尔(1992)	突破经济学生产要素的束缚,将技术创新置于国家优先发展之处,是制度性创新的代表
Freeman(1992)	将国家创新系统进行分类,分为广义和狭义。广义指的是和创新相关的机构,无论直接还是间接相关,而狭义指的是和创新直接相关的机构
纳尔逊(1993)	国家创新体系的目的不是提供一个普适的理论,而是为不同国家的创新提供一种研究方法,重视对不同国家创新体系的比较
齐建国(1995)	国家创新系统是和技术创新相关的一个综合系统
经济合作和发展组织(OECD)(1996)	国家创新体系受到国家职能部门和知识扩散及技术能力的影响
艾昆斯特(1997)	创新系统是不断演化的,应该重点考量制定因素和学习过程
刘洪涛(1997)	从微观和宏观相结合的角度构建了国家创新系统模型
吴贵生和谢伟(1997)	国家创新系统包括硬件系统和软件系统两个部分
王春法(2003)	探讨了国家创新体系的理论沿革及其本质内涵,特别是提出了国家创新体系理论的八个假定
Dodgson,等(2008)	说明了国家创新系统的演化、影响因素,以及如何产生和发展

(续表)

作者	观 点
Fagerberg 和 Srholec（2008）	探讨影响国家创新体系的因素,如创新能力以及各自间的关系、发展体制等
盛四辈(2011)	从战略的角度对国家创新体系进行构建
刘云和谭龙等（2015）	提出新的国家创新系统模型,并从动态和系统两个角度对创新系统进行演化分析,并提出国际化模型
刘建华等(2016)	将宏观理论和因果模型通过统计分析联系起来,研究国家创新系统模型
王晖和温兴琦（2017）	研究了国家创新体系在国家经济发展中的重要作用,并综述了其对创新的影响

资料来源:作者根据相关文献整理。

2.2 生物医药产学研合作创新网络形成问题的相关研究

2.2.1 生物医药产业的相关研究

2.2.1.1 生物医药的发展概况

生物医药产业是从化学制药业发展而来的,化学制药业的产生发展得益于19世纪下半叶染料消毒和杀菌功能的发现,它促使化工企业向制造企业转变,如罗氏、Ciba-Geigy 和 Sandoz 等。20世纪70年代制药业开始和生物技术结合,促使传统制药业向生物医药产业发展,如DNA重组技术和单克隆抗体技术的发现。1982年,第一个生物医药技术基因重组胰岛素上市标志着生物医药技术的产生,距今已有近40年的历史。具体如图2-5所示。

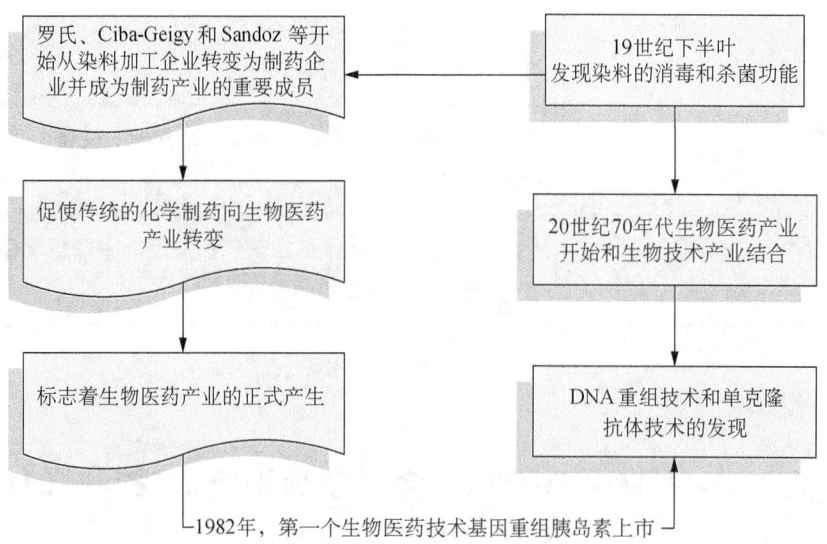

图2-5 生物医药发展史

2.2.1.2 生物医药产业的相关研究

国内外关于生物医药产业的相关研究主要包括生物医药产业的形成、演化和对策研究,生物医药产业的政府监管研究和发展模式,生物医药技术的创新和集群研究现状等。具体如下。

(1) 生物医药产业的形成、演化和对策研究。

生物医药产业的形成、演化和对策研究从生物医药发展历史和现状出发提出意见和建议。例如，Stuart 等(2007)以企业联盟为出发点，分析了研发企业在生物医药发展过程中占据的重要位置，在资源配置中起着承上启下的作用，有利于技术的进步和市场化。苏月(2009)通过对各个国家的生物医药企业进行研究，发现生物医药行业发展严重不均衡，同时介绍了一些重要的生物医药的技术，指出我国生物医药发展现状。李薪(2015)为生物医药产业的发展建立了指标体系，运用专家分析法、层次分析法等进行权重的衡量，并对北京生物医药企业的发展进行实证分析。孟非(2015)基于全球价值链视角对海洋生物医药产业的发展进行研究，包括现状分析和模型的构建，并提出了相应对策。王琦琦和茅宁莹(2016)对生物医药技术产业技术联盟现状进行分析，指出不足并对未来进行展望，从而达到预测目的。

(2) 生物医药产业的政府监管研究和发展模式。

生物医药产业的政府监管方面主要是探讨国内外生物医药监管的现状，针对现状提出意见和建议。例如，Abbott(1995)通过模型拟合验证了政府在公共事业上的宏观调控，特别是医药行业收效甚微，因为医药行业市场变化大，很容易受调控影响而提高新药的上市价格。余晖(1997)对医药行业的发展历史、现状以及医药行业和政府之间的关系进行分析，认为只有建立一个中央集权式的医药机构才能实现医药行业的健康发展。张可菌和茅蕾(2008)对美国的政府、市场和医药企业之间的关系和发展进行了研究,认为这种机制有利于生物医药的发展,我国可以借鉴。肖帆(2012)从案例研究的角度出发,对咸宁市政府监管的现状进行了调研和分析,从而提出相应的意见和建议。李林(2013)对江门市的生物医药产业进行研究,从政府监管角度提出意见和建议,进而促进生物医药产业的健康发展。金瑜等(2014)对国外的生物医药产业的发展和生物医药技术的发展过程及相应的政策规范进行研究,为我国生物医药企业的发展提出意见和建议。曾婧婧和王巧(2016)运用文本分析法,从四个维度对我国医药企业的政策规范进行统计和分析,指出生物医药企业是以政府指导为主,市场所发挥的作用小,宏观调控过于频繁不利于生物医药企业的发展,应该发挥市场调控的作用,同时加大人才和专利的引进力度。

生物医药产业发展模式方面的研究侧重于从生物医药企业的集群或工业园区的角度进行研究,从而提出相应的意见和建议。例如,吴晓隽(2008)认为,集群是生物医药产业发展的重要路径和途径,而且针对不同集群不要复制化发展,要有自己的特色,同时应重视中医药的发展。李嵘(2010)重点从环境研究特别是外部环境的角度对生物医药发展模式进行分析。牛晓帆等(2012)在总结日本和欧美生物医药发展经验的基础上提出了适应我国生物医药企业的发展模式。汤莉娜和申俊龙(2014)对江苏省的生物医药产业进行案例研究,并提出了"一体两翼"的发展模式。汪帆(2014)以山东省海洋生物医药产业为例,提出了政产学研协调创新的发展模式。陈露和褚淑贞(2016)对生物医药行业的集群工业园区进行研究,提出了促进工业园区发展的政策建议。

(3) 生物医药企业创新和集群研究现状。

生物医药企业的创新、集群研究和发展模式有着密切关系,国内外关于生物医药集群的研究主要从以下两个方面展开。①从集群的概念出发对生物医药企业的形成、发展进行研究。例如,Achilladelis 和 Antonakis(2001)对集群内企业所研发的 1 736 种药品进行了研究,阐述了创新的内部影响因素和外部驱动。Bianchi 和 Cavaliere(2010)通过德尔菲法和模型验证,对集群生物医药企业不同阶段的创新模式进行研究。毛睿奕和曾刚(2010)在研究集群生物医药企业的创新模型后,对张江进行了案例分析。②从创新网络出发,将集群内的企业看作是网络的节点,探讨网络的形成和演化。例如,王飞(2011)对美国和中国上海张江的生物医药企业进行创新网络研究,从而提出创新网络的形成和发展驱动主要归功于企业间的创新合作和集体学习。毛睿奕(2012)通过专利建立创新合作网络,从三个邻近性来探讨邻近性对生物医药创新网络的影响,并得出了相应的结论。王飞(2012)对张江生物医药企业进行实证研究,通过扎根理论对创新网络的形成机制及影响因素和驱动进行了研究。王国红等(2014)基于创新网络视角,引入外部协同网络,提出新的网络模型并得以验证,从而提出相应的意见和建议。

总体文献综述如表 2-8 所示。

表 2-8　总体文献综述

方向	作者	观　　点
生物医药产业的形成、演化、发展模式和对策研究	Stuart 等(2007)	以企业联盟为出发点,分析了研发企业在生物医药发展过程中占据的重要位置,在资源配置中起着承上启下的作用,有利于技术的进步和市场化
	苏月(2009)	通过对各个国家的生物医药企业进行研究,发现生物医药行业发展严重不均衡,同时介绍一些重要的生物医药的技术,指出我国生物医药发展现状
	李薪(2015)	为生物医药产业的发展建立了指标体系,运用专家分析法、层次分析法等进行权重的衡量,并对北京生物医药企业的发展进行实证分析
	孟非(2015)	基于全球价值链视角对海洋生物医药产业的发展进行研究,包括现状分析和模型的构建,并提出了相应的对策
	王琦琦和茅宁莹(2016)	对生物医药技术产业技术联盟现状进行分析,指出不足并对未来进行展望,从而达到预测目的

(续表)

方向	作者	观 点
生物医药产业的政府监管研究和发展模式	Abbott(1995)	通过模型拟合验证了政府在公共事业上的宏观调控,特别是医药行业收效甚微,因为医药行业市场变化大,很容易受调控影响而提高新药的上市价格
	余晖(1997)	对医药行业的发展历史、现状以及医药行业和政府之间的关系进行分析,认为只有建立一个中央集权式的医药机构才能实现医药行业的健康发展
	张可菡和茅蕾(2008)	对美国的政府、市场和医药企业之间的关系和发展进行了研究,认为这种机制有利于生物医药的发展,我国可以借鉴
	肖帆(2012)	从案例研究的角度出发,对咸宁市政府监管的现状进行了调研和分析,从而提出相应的意见和建议
	李林(2013)	对江门市的生物医药产业进行研究,从政府监管角度提出意见和建议,进而促进生物医药产业的健康发展
	金瑜等(2014)	对国外的生物医药产业的发展和生物医药技术的发展过程及相应的政策规范进行研究,为我国生物医药企业的发展提出意见和建议
	曾婧婧和王巧(2016)	运用文本分析法,从四个维度对我国医药企业的政策规范进行统计和分析,指出生物医药企业是以政府指导为主,市场所发挥的作用小,这不利于生物医药企业的发展,宏观调控过于频繁,应该发挥市场调控的作用,同时加大人才和专利的引进力度

(续表)

方向	作者	观　点
生物医药产业的政府监管研究和发展模式	吴晓隽(2008)	认为集群是生物医药产业发展的重要路径,而且针对不同集群不要复制化发展,要有自己的特色,重视中医药的发展
	李嵘(2010)	重点从环境研究特别是外部环境的角度对生物医药发展模式进行分析
	牛晓帆等(2012)	在总结日本和欧美生物医药发展经验的基础上提出了适应我国生物医药企业的发展模式
	汤莉娜和申俊龙(2014)	对江苏省的生物医药产业进行案例研究,并提出了"一体两翼"的发展模式
	汪帆(2014)	以山东省海洋生物医药产业为例,提出了政产学研协调创新的发展模式
	陈露和褚淑贞(2016)	对生物医药行业的集群工业园区进行研究,提出了促进工业园区发展的政策建议
生物医药企业创新和集群研究现状	Achilladelis 和 Antonakis(2001)	对集群内企业所研发的1 736种药品进行研究,说明创新的内部影响因素和外部驱动
	Bianchi 和 Cavaliere(2010)	通过德尔菲法和模型验证,对集群生物医药企业不同阶段的创新模式进行研究
	毛睿奕和曾刚(2010)	在研究集群生物医药企业的创新模型后,对张江进行了案例分析
	王飞(2011)	对美国和中国上海张江的生物医药企业进行创新网络研究,从而提出创新网络的形成和发展驱动,主要归功于企业间的创新合作和集体学习

2 相关文献综述

(续表)

方向	作者	观点
生物医药企业创新和集群研究现状	毛睿奕(2012)	通过专利建立创新合作网络,从三个邻近性来探讨邻近性对生物医药创新网络的影响,并得出了相应的结论
	王飞(2012)	对张江生物医药企业进行实证研究,通过扎根理论对创新网络的形成机制及影响因素和驱动进行了研究
	王国红等(2014)	基于创新网络视角,引入外部协同网络,提出新的网络模型并得以验证,从而提出相应的意见和建议

资料来源:作者根据相关文献整理。

通过近些年国内外对生物医药产业、技术和企业的研究可以发现,现有的研究主要有以下几个特点:①关于网络形成的研究比较多,现在开始转向对其演化的研究,但是关于网络的形成侧重对现状的分析,或者使用回归分析作因素分析,而且对网络形成的机制并没有作深入的研究;②关于生物医药企业发展模式和政府监管部分的研究已经比较成熟,现在已经进入总结阶段;③关于生物医药企业集群和创新网络的研究还停留在创新因素分析和形成过程上,对网络结构刻画以及创新网络结构特征的分析及结构特征对创新的影响等方面的研究仍然欠缺。

2.2.2 产学研合作创新网络的相关研究

产学研合作创新网络的研究可以具体分为创新网络的研究及产学研合作创新的研究两部分。

2.2.2.1 创新网络的相关研究

国内外创新网络的研究主要包括企业层面的联盟创新网络、产业层面的集群创新网络和区域层面的共生创新网络,以及这三个层面下创新的形成、结构与演化和形成机制等。

(1) 联盟创新网络。

联盟创新网络指企业间以实现企业战略目标,保持企业竞争优势基础上的企业之间耦合成的网络。联盟创新网络的形成是基于交易成本理论、创新资源理论和战略管理理论,形成创新资源共享机制、网络结构优化机制和知识创造与转移机制等。

Kim 等(2006)研究发现,网络惯性会阻止企业的创新,当企业组织试图创新的时候,它会受到来自网络惯性的抵制作用,这对新网络的建立不利。Cowan 等(2007)以嵌入性的分类和创新的可分解性将网络分为三类,并对不同网络模型的拓扑性质通过建立模型进行分析,发现网络的小世界特性。Gay(2008)在前者的基础上证实了拥有嵌入性动态网络具有无标度和小世界的特性,创新的传播速度取决于网络中节点间距离的长短。Bruneel等(2010)认为,创新网络会产生网络效应,因为集聚而带来创新的产生、传播和发展,并在许多企业和产品中实现创新的商业化。田钢和张永安(2010)结合知识管理对联盟企业之间的合作方式进行了模型验证。Eisingericha(2010)等研究了联盟创新网络特征对创新绩效的影响作用,并把环境的不确定作为调节变量。Demirkan等(2013)对网络惯性进行了深入研究,从而引出如何回答联盟网络演化的相关问题。Roxenhall(2013)的研究表明,联盟创新网络的规模并不一定会促进创新的产生和发展,过大或过小的规模反而会影响创新的产生和发展。赵建吉(2013)提出了技术守门员的分析框架,并使用张江集成电路产业进行验证,说明了技术守门员在创新网络中的重要作用。

(2) 集群创新网络。

企业或产业集群的本质是创新的集群,技术创新会造就集群的产生。集群创新网络是建立在分工、新经济社会学、新产业空间、集群学习和新增长理论上的,在区域空间、关系嵌入和学习理论等视角下的创新网络。

文婧和曾刚(2005)研究了技术转移的产生和途径,发现集群中产业链下游较容易实现和跨国企业的技术转移。苗长虹(2006)通过对许昌的发制品产业进行调研和分析,研究了集群内的技术学习过程。Wal(2009)研究发现,地理临近性对创新网络的产生有巨大作用。Boschma(2009)认为,集聚不一定带来的都是正创新绩效,有时候过于集聚会因为创新环境的封闭而阻碍创新的发展。王飞和毛睿奕(2011、2012)基于国家知识产权局专利检索数据库,建立了张江生物医药产学研合作创新网络并将网络可视化。Doepfer(2012)认为聚集的同时也要实现开放式创新,促进开放创新也要考虑空间和地理的作用。Wang和Rodan(2014)对集群创新网络进行了扩展,引入创新学习的社交网络。

(3) 共生创新网络。

共生创新网络是区域层面上的创新网络,指在一定区域空间上创新主体、创新活动相关的其他部门和创新环境所组成的创新网络。

吕拉昌(2010)利用论文合作数据建立了城市空间等级体系,用来研究不同城市的创新等级分布和差异。汪涛和李丹丹(2011)等同样利用论文合作数据,专注于生物医药企业,从省区域的范围内分析合作共生网络的拓扑性质。Panapanaan(2014)认为,区域层面的创新至关重要,并提出SAMPO的生态创新战略模型。Chaminade(2015)认为,区域层面的创新网络和系统是全球创新体系的一部分,所以区域创新不可以脱离本区域的实际特征,要结合区域具体情况进行重建。创新网络研究综述如表2-9所示。

2 相关文献综述

表 2-9 创新网络研究综述一览表

方向	作者	观 点
联盟创新网络	Kim 等(2006)	研究发现,网络惯性会阻止企业的创新,当企业组织试图创新的时候,它会受到来自网络惯性的抵制作用,这对新网络的建立不利
	Cowan 等(2007)	以嵌入性的分类和创新的可分解性将网络分为三类,并对不同网络模型的拓扑性质通过模型的建立来分析,发现网络的小世界特性
	Gay(2008)	在前者的基础上证实了拥有嵌入性动态网络具有无标度和小世界的特性,创新的传播速度取决于网络中节点间距离的长短
	Bruneel 等(2010)	创新网络会产生网络效应,因为集聚而带来创新的产生、传播和发展并在许多企业和产品中实现创新的商业化
	田钢和张永安(2010)	结合知识管理对联盟企业之间的合作方式进行了模型验证
	Eisingericha 等(2010)	研究了联盟创新网络特征对创新绩效的影响作用,并把环境的不确定作为调节变量
	Demirkan 等(2012)	对网络惯性进行了深入的研究从而引出如何回答联盟网络演化的相关问题
	Tommy(2013)	研究证明联盟创新网络的规模并不一定会促进创新的产生和发展,过大或过小的规模反而会影响创新的产生和发展
	赵建吉(2013)	提出了技术守门员的分析框架并使用张江集成电路产业进行验证,说明了技术守门员在创新网络中的重要作用

(续表)

方向	作者	观 点
集群创新网络	文嫱和曾刚(2005)	研究了技术转移的产生和途径,得出集群中产业链下游较容易实现和跨国企业的技术转移
	苗长虹(2006)	通过对许昌的发制品产业进行调研和分析,研究了集群内的技术学习过程
	Wal(2009)	地理邻近性对创新网络的产生具有巨大作用
	Boschma(2009)	集聚带来的不一定都是正创新绩效,有时候过于集聚会因为创新环境的封闭而阻碍创新的发展
	王飞和毛睿奕(2011,2012)	基于国家知识产权局专利检索数据库建立了张江生物医药产学研合作创新网络并将网络可视化
	Doepfer(2012)	聚集的同时也要实现开放式创新,促进开放创新也要考虑空间和地理的作用
	Wang和Rodan(2014)	对集群创新网络进行了扩展,引入创新学习的社交网络
共生创新网络	吕拉昌(2010)	利用论文合作数据建立了城市空间等级体系,用来研究不同城市的创新等级分布和差异
	汪涛和李丹丹(2011)	利用论文合作数据,专注于生物医药企业,从省区域的范围内分析合作共生网络的拓扑性质
	Panapanaan(2014)	区域层面的创新至关重要,并提出SAMPO的生态创新战略模型
	Cristina(2015)	区域层面的创新网络和系统是全球创新体系的一部分,所以区域创新不可以脱离本区域的实际特征,要结合区域的具体情况进行重建

资料来源:作者根据相关文献整理。

2 相关文献综述

综上所述,从经济地理视角来说,现有关于创新网络的研究层次已经比较清晰了。现在研究主要关注创新网络的演化,学者们在网络演化的研究上已经取得了很多成果;但是针对结构的研究较少,而且研究较浅显;关于网络结构特征的研究更是少之又少,已有关于创新网络结构特征的研究也主要集中于拓扑性质的刻画,对网络结构特征关系的研究非常少。

2.2.2.2 产学研合作创新的相关研究

产学研合作创新的相关研究中,国内学者重点在合作模式、问题与对策、保障、各方博弈、绩效、知识管理、合作网络和支撑技术等方面开展了研究。

例如,王娟茹(2002)将产学研合作创新模式分为三类。周静珍等(2005)界定了与产学研合作创新网络相关的重要概念。袁胜军等(2006)从多个角度出发阐述现有研究存在的问题。张千帆等(2007)重点研究创新过程中产学研合作模式的选择。冯峰等(2008)、Levén等(2014)、Herstad等(2014)研究了社会网络和复杂网络之间的关系。马卫华等(2010)重点研究了高校产学研合作创新网络。崔旭等(2010)着重解决网络的稳定性问题。陈武(2010)分析了知识产权法、专利法等与产学研合作相关法律的重要性。此外,卢仁山(2011)、刘芳(2012)、陈云(2012)、Ahrweiler等(2011)、刘凤朝等(2011)、曹霞和刘国巍(2014)、张瑜等(2015)和张艺等(2016)也进行了相关研究,具体如

表 2-10 所示。

表 2-10 产学研合作创新网络研究综述一览表

作者	观点
王娟茹(2002)	将产学研合作创新模式分为三类,并将其与产学研的不同阶段进行匹配,分析了不同阶段之间的关系
周静珍(2005)	界定了与产学研合作创新网络有关的重要概念,并提出了政府推动六种产学研合作创新网络的创新模式
袁胜军等(2006)	从多个角度出发,阐述了现有产学研合作创新网络存在的问题以及解决策略
张千帆等(2007)	利用动态博弈模型研究了产学研合作创新过程中产学研合作模式的选择
冯峰等(2008)、Leven 等、Herstad(2014)	研究了产学研合作创新网络的拓扑性质,并将社会网络和复杂网络的拓扑性质进行分析,指出两者之间的相似性,说明社会网络的研究越来越趋向于复杂网络
马卫华等(2010)	重点研究了高校产学研合作创新网络
崔旭等(2010)	着重解决产学研合作创新网络的稳定性问题,并提出了相应的解决方案
陈武(2010)	侧重从政策和法制方面对产学研合作创新网络进行研究,分析知识产权法、专利法等与产学研合作相关法律的重要性

(续表)

作者	观　点
卢仁山(2011)	通过主成分分析法构建了如何在不同类型产学研合作中实现利益分配的模型,而且在此基础上将该利益分配总结为三种类型,并对不同类型之间的分配进行了比较分析
刘芳(2012)	研究了产学研合作创新网络中社会资本、知识转移和绩效之间的关系,并建立模型进行实证分析
陈云(2012)	在前者基础上对概念进行了重新界定,并为产学研合作外延问题的解决提供了方法论指导,为未来的研究指明了方向
Ahrweiler 等(2011)	侧重研究产学研合作创新网络的演化,运用动态网络知识对产学研中的企业和科研机构及高校之间的连接进行了分析
刘凤朝等(2011)	基于社会网络分析法研究了高校产学研合作创新网络的演化路径
曹霞和刘国巍(2014)	使用博弈论和仿真对产学研合作创新网络进行分析,并使用演算算法研究了产学研合作创新网络的演化规律
张瑜等(2015)	分析了产学研合作创新网络的拓扑性质,并结合创新网络参与者之间的紧密度来研究产学研合作创新网络的动态演化
张艺等(2016)	利用社会网络分析对产学研合作创新网络的拓扑性质进行了刻画

资料来源:作者根据相关文献整理。

2.2.2.3 产学研合作创新的文献述评

综上所述,现有的产学研合作创新研究集中对三种不同的产学研合作模式进行分析和探讨。在合作模式、问题与对策、保障、各方博弈、绩效、知识管理、合作网络和支撑技术等方面的研究中,合作模式、问题与对策和合作网络相关的研究是较多的,但是很多研究主要侧重宏观层面的定性研究,微观层面的定量研究还需要进一步深入。

2.2.3 网络形成问题的相关研究

2.2.3.1 国外产学研合作创新网络形成的相关研究

Gertler 和 Levitte(2005)的研究表明,加拿大医药创新网络的形成得益于本地网络和非本地网络的共同作用。Birch 和 Whittam(2008)根据已有商品链和生产网络理论建立了一个新的联盟驱动商品价值链,并通过对英国生物技术产业进行实证研究,对该价值链进行了论证,说明了创新是如何形成和实现。Cooke(2009)研究表明,产学研合作创新网络参与主体的主导地位已经从企业过渡到高校和科研机构,高校和科研机构具有丰富的科研经验和充足的科研人才,在产学研合作创新网络中表现很突出,而且越来越多企业愿意和高校或科研机构合作,同时也说明了弱连带的优势。Pisano(2009)研究了产学研合作创新网络主体的扁平度关系,探讨了扁平度对产学研合作创新网络形成和发展的影响。国内学者王飞(2012)总结了基于生物医药合作创新网络的演化模型,从地理开放度和合作扁平度两个角度出发,将创新网络分为开放式创新网络、封闭式创新网络、全球化创新网络和集群创新网络。基于生物医药合作创新网络的演化分析如图2-6所示。

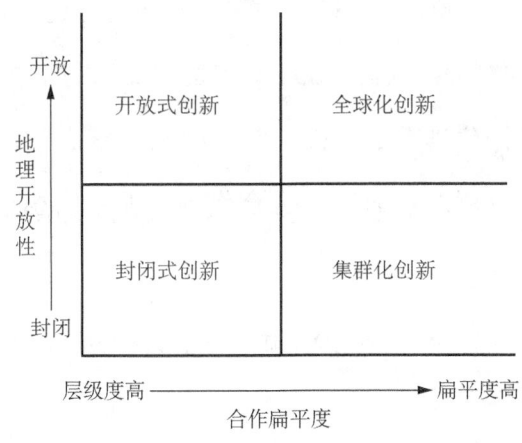

图2-6 基于生物医药产学研合作创新网络的演化分析(王飞,2012)

2.2.3.2 国内生物医药产学研合作创新网络形成的相关研究

郝凤霞(2005)认为,创新网络对生物医药企业的发展具有重要作用。毛睿奕和曾刚(2010)探讨了网络主体在整体网络中所处位置和角色的差异,并分析了其对创新网络模式的影响。王飞(2011)利用复杂网络分析的方法研究了生物医药产业的拓扑性质。王飞

(2012)对产学研合作创新网络的形成和演化进行了分析。孙璇(2012)研究得到了推动我国台湾地区生物医药产学研合作创新网络发展的资源整合模式。程跃等(2012)利用专利建立了我国生物医药产业的产学研合作创新网络,并针对现有网络的特性提出相应的意见和建议。张绪英(2013)分析了张江生物医药产学研合作创新网络的领先创新能力。杨知歌(2014)主要针对如何优化现有张江产学研合作创新网络的集群结构提出意见和建议。洪进和宛晓梅(2014)对创新网络的演化进行了分析。曾婧婧和刘定杰(2016)对武汉生物医药企业集群所形成的产学研合作创新网络结构进行研究。具体如表2-11所示。

表2-11 国内生物医药产学研合作创新网络形成的相关研究

作者	观点
郝凤霞(2005)	基于美国生物医药企业的发展模式,研究了创新网络在生物医药企业发展中的重要性,认为创新网络在信息的流通传播以及对网络主体的参与者之间的协同对生物医药企业的发展起到重要作用
毛睿奕和曾刚(2010)	从集体学习的视角展开,探讨了网络的主体在整体网络中所处位置和角色的差异,并探讨了其对创新网络模式的影响,针对浦东生物医药企业的产学研合作创新网络进行了实证分析,从企业间技术势差和地理开放性的角度出发提出了创新网络的四种模式,分别为高地理开放性、低技术势差模式;高地理开放性、高技术势差模式;低地理开放性、低技术势差模式;低地理开放性、高技术势差模式

(续表)

作者	观 点
王飞(2011)	利用复杂网络分析的方法,对生物医药产业中节点即企业所呈现出来的拓扑性质进行研究,并对演化过程中所表现出的结构特征进行实证分析,提出意见和建议
王飞(2012)	在现有研究基础上,从集体学习和合作创新的角度对张江生物医药企业的产学研合作创新网络进行了研究,对产学研合作创新网络的形成和演化进行分析
孙璇(2012)	运用社会网络分析方法对台湾地区生物医药产业的产学研合作创新网络规模、开放性、集中度、异质性等结构特征进行了研究,得到了推动我国台湾地区生物医药产学研合作创新网络发展的资源整合模式
程跃等(2012)	从小世界模型的视角出发,研究了产学研合作创新网络的小世界特性,并利用专利建立了我国生物医药产业产学研合作创新网络,针对现有网络特性提出相应的意见和建议
张绪英(2013)	主要探讨张江生物医药产学研合作创新网络领先创新能力的形成及如何进一步发挥更大优势
杨知歌(2014)	主要针对如何优化现有张江产学研合作创新网络的集群结构提出意见和建议
洪进和宛晓梅(2014)	利用社会网络分析了中国生物医药产业产学研合作创新网络演化并利用网络拓扑性质进行回归分析,探讨了我国生物医药产业的现状并提出意见和建议
曾婧婧和刘定杰(2016)	主要研究武汉生物医药企业集群所形成的产学研合作创新网络结构特征对企业利润及产出等的影响并提出相应改进方案

资料来源:作者根据相关文献整理。

2.2.3.3　产学研合作创新网络形成的文献述评

从国内外文献综述中我们可以看出,现有关于生物医药产学研合作创新网络研究是从比较广义的角度展开的。有的学者从地理开放性、价值链、关系的扁平度、创新网络的规模、模式和网络节点的结构特征方面探讨了生物医药产学研合作创新网络的形成及演化,并在此基础上提出相应的提高创新网络能力的对策建议。目前对产学研合作创新网络的形成并没有统一的观点,但是大家的观点有很多相通的地方,所以本书将从网络的形成原因、形成过程和形成结果三个方面,对生物医药产学研合作创新网络的形成机制进行总结,并对张江生物医药企业的产学研合作创新网络进行案例研究。

2.3　产学研合作创新网络结构特征对创新绩效的影响研究

2.3.1　创新网络对创新绩效的影响研究

2.3.1.1　理论研究

现有关于产学研合作创新网络对创新绩效的研究主要从产学研创新网络的能力,产学研创新网络的特征,产学研创新网络的因素及产学研创新网络的主体等方面来展开。

(1) 关于产学研合作创新网络能力方面的研究很多,如 Bross 和 Zenker(1998)、Santoro 和 Gopalakrishnan(2000)、Simsek 等(2003)、Zaheer 和 Bell(2005)和洪茹燕(2012),具体如表 2-12 所示。

表 2-12 产学研合作创新网络能力相关研究

作者	观　点
Bross 和 Zenker (1998)	创新网络的产生得益于企业自我创新能力的限制和企业间联系的多样化,从而促进了创新绩效的发展
Santoro 和 Gopalakrishnan (2000)	创新绩效的产生得益于创新主体高水平和高强度的合作带来的高质量创新网络
Simsek 等(2003)	创新网络的发展能够带来关系强度的增加,从而促进知识传播和提升创新绩效
Zaheer 和 Bell(2005)	网络结构有利于网络内部能力的开发和维护,同时促进创新绩效的提升
洪茹燕(2012)	集群企业创新网络对其创新绩效有正向影响,集群企业创新网络通过影响创新搜索,进而作用于创新绩效,吸收能力和环境不确定性在集群企业创新网络对创新搜索的作用机制中发挥着重要的调节作用

资料来源:作者根据相关文献整理。

(2) 关于产学研合作创新网络结构特征的研究侧重对聚类系数、网络中心性、结构洞等拓扑性质的分析,如 Soda、Usai 和 Zaheer (2004),Zaheer 和 Bell(2005),刘元芳(2006),杨林(2014)和其格其

(2016)等,具体如表2-13所示。

表 2-13 产学研合作创新网络结构特征相关研究

作者	观点
Soda、Usai 和 Zaheer（2004）	封闭的网络与带有结构洞的网络相比,具有结构洞的网络更能促进创新绩效的提升
Zaheer 和 Bell(2005)	网络嵌入性特征可以使企业突破原有区域或团体的限制,增加其与创新企业合作的机会,从而提升创新绩效
刘元芳(2006)	通过实证分析得出网络中心性位置有利于创新能力的产生,具有创新能力的企业和外部企业联盟可以带来更多的创新绩效
杨林(2014)	产学研合作创新网络的拓扑性质会对创新绩效产生正向影响,其中拓扑性质涵盖了网络强度、密度、中心度等
其格其(2016)	产学研合作创新网络的聚类系数和可达性对创新绩效产生正向影响,而且对滞后期的创新绩效也会产生正向影响

资料来源:作者根据相关文献整理。

（3）关于产学研创新网络因素的研究,主要从构成型或反映型因子出发探究创新网络和创新绩效之间的关系,如 Tyler(2007)、陈学光(2007)和 Aranz 等(2011),具体如表 2-14 所示。

表 2-14　产学研创新网络因素的相关研究

作者	观点
Tyler(2007)	产学研合作创新网络的关系信任度、稳定性及组织之间的相容性都会对创新绩效产生影响
陈学光(2007)	产学研合作创新网络具有质和量的差异,有质量的产学研合作创新网络是有效的,所以它会为创新能力提供更多的支持,从而提升创新绩效
Aranz 等(2011)	网络机构、发展过程及管控都会对企业创新绩效产生影响,所以企业可以通过组织设计和结构安排来提高创新绩效

资料来源:作者根据相关文献整理。

(4)关于产学研创新网络主体方面的研究主要是从创新网络参与者出发,对企业、高校、科研机构、政府和中介机构等的关系及其对创新绩效所起的作用进行了一系列研究,如 Kuen-Hung 和 Wang(2009),Zeng、Xie 和 Tam(2010)等,具体如表 2-15 所示。

表 2-15　产学研创新网络的主体相关研究

作者	观点
Kuen-Hung 和 Wang(2009)	企业、高校、科研机构、政府和中介机构,甚至是竞争者之间只要形成一个良性的合作创新网络就可以促进协同创新
Zeng、Xie 和 Tam(2010)	中小企业创新绩效会因为和供应链企业合作及科研机构合作而提高,但是与政府之间的合作对其创新绩效的影响不明显

资料来源:作者根据相关文献整理。

2.3.1.2 实证研究

关于产学研合作创新网络对创新绩效的实证研究是以正相关为主导的,如刘元芳(2006)、宋晶(2007)、陈学光(2007)、卢艳秋(2010)、董文裕(2012)、陈晓聪(2012)等,具体如表2-16所示。

表2-16 产学研合作创新网络对创新绩效的实证研究的文献综述

作者	指标	方法	观点
刘元芳 (2006)	网络中心性、创新能力、创新绩效	问卷调查和定量分析	企业在创新网络中心位置信息可获性与其创新能力呈正相关关系,同时企业的技术联盟和组织因素有利于获取外部创新源,并最终影响企业的创新绩效
宋晶 (2007)	网络惯例(行为默契程度、规范接受程度)、调节定向和创新绩效	问卷调查和回归分析	行为默契程度和创新绩效呈倒U形关系,规范接受程度和创新绩效正相关,调节定向起到促进和预防的调节作用
陈学光 (2007)	关系强度、关系持久度和关系质量;网络规模、网络范围和网络异质性;企业规模、创新绩效	问卷调查和结构方程	产学研合作创新网络具有质和量的差异,有质量的产学研合作创新网络有效所以它会为创新能力提供更多的支持,从而提升创新绩效
卢艳秋 (2010)	网络中心度、网络量度、关系属性、政府作用和创新绩效	问卷调查和回归分析	网络中心度对创新绩效影响效果不明显,政府起调节作用,网络量度和关系属性对创新绩效具有正向影响

(续表)

作者	指标	方法	观点
董文裕（2012）	战略网络结构（联结强度、中心度和网络密度）、组织学习（学习意图、吸收能力和整合能力）、创新绩效	问卷调查和定量分析	战略网络结构和组织学习正向影响创新绩效，其中战略网络结构正向影响组织学习，组织学习在战略网络机构和创新绩效之间起中介作用
陈骁聪（2012）	网络嵌入性、知识吸收能力和创新绩效	问卷调查和结构方程	网络嵌入性分为关系嵌入和结构嵌入，在网络嵌入性对创新绩效的正向影响中，结构嵌入下知识吸收能力才能起到中介作用，同时网络嵌入性和知识吸收能力也是正相关，知识吸收能力和创新绩效正相关
王燕妮（2013）	内部创新网络特征、外部创新网络特征、知识整合和知识创新和创新绩效	问卷调查和结构方程	内外部网络特征的互动才会对创新绩效产生显著影响。知识整合和知识创新与内外部创新网络特征相关
王京安（2013）	关系型资源、网络密度、知识管理和创新绩效	扎根理论	关系型资源、创新绩效和网络密度及知识关系正相关，知识管理和网络密度起中介作用
王立岩（2013）	网络优势、网络主体关系和创新绩效	仿真和动态博弈	网络优势和网络主体关系均对创新绩效产生影响
孙永磊（2014）	双元能力、网络惯例和创新绩效	问卷调查和回归分析	双元能力对创新绩效产生正向影响，网络惯例起到调节作用

(续表)

作者	指标	方法	观点
游达明（2015）	高新技术企业、网络创新能力和创新绩效	仿真	高新技术企业单纯增加研发投入对创新绩效的影响并不大，网络创新能力的稳定性对创新绩效产生较大影响
李守伟（2016）	网络结构特征（节点度、中介中心度和结构洞）和创新绩效	问卷调查和回归分析	网络的结构特征和创新绩效正相关

资料来源：作者根据相关文献整理。

通过梳理产学研合作创新网络对创新绩效影响的已有文献可以发现，现有的关于创新网络对创新绩效的影响研究主要有四个方面：产学研创新网络的能力，产学研创新网络的特征，产学研创新网络的因素及产学研创新网络的主体。其中创新网络能力的研究和产学研创新网络因素的研究相对来说较多，涉及的行业也较多，研究范围较广。但是关于产学研创新网络特征及产学研创新网络主体的研究还有待进一步深化。

我们从产学研合作创新网络对创新绩效影响的实证研究中可以发现，首先，现有关于产学研合作创新网络对创新绩效的影响研究很多，范围很广，但有关指标的选取标准不一，主要从创新网络结构和创新网络影响因素两方面出发。其次，现有关于产学研合作创新网络和创新绩效研究普遍采用的是问卷调查、结构方程或回归分析法，较少会使用扎根理论、仿真和博弈论,其中使用社会网络分析方法的研究更是少之又少。最后,创新绩效研究多是依据问卷整理,或者从过程创新、技术创新、产品创新、工艺创新等出发,其中关系稳定程度、合作满意程度、创新能力提高程度的使用次数也很多,但是将网络的构建过程融入创新网络和创新绩效的关系研究很少,关于创新网络之间多重关系的研究基本没有。

通过对产学研合作创新网络对创新绩效影响研究方面的文献进行理论综述和实证综述,可以发现未来研究可以从方法上进行创新,突破现有单纯依赖问卷调查、结构方程或回归分析的瓶颈。因为产学研合作创新网络的网络特性使得传统的使用问卷调查的方法存在抽样不准确的问题,进而导致研究出现偏差,所以本书将使用社会网络分析法进行研究,涵盖数据收集到数据分析的所有内容,并且致力于多重关系之间的关系研究。这将是本书实证分析的重点,也是本书的难点之一。

2.3.2　网络结构特征对创新绩效影响的相关研究

上一部分简要讲解了现有关于产学研合作创新网络对创新绩效影响的研究,根据本书的研究内容和研究目的,接下来将细化产学研合作创新网络结构对创新绩效的影响相关研究。在本书的第 2 章 2.3.1 中已经对产学研合作创新网络对创新绩效影响所涉及的理论进行了具体的阐述,包括 Mark Granovetter 的弱连带优势理论、镶嵌理论和 Ronald Burt 的结构洞理论,所以此处不再赘述,而是主要侧重对社会网络分析指标及产学研合作创新网络结构特征对创新绩效影响的相关研究进行阐述。产学研合作创新网络是从企业(组织或团队)的角度出发的,属于社会网络的中观层次网络范畴,关于中观层次网络研究角度多样,前面的文献综述中已经进行了具体的阐述,本部分主要从社会网络特征出发,对产学研合作创新网络结构特征对创新绩效的相关研究进行综述。

2.3.2.1 国外相关研究

Gemünden 等(1996)基于网络强度和网络结构确定了七种不同类型的面向技术的网络配置,并利用 321 家高科技企业的数据库,研究出创新成功与企业的技术创新网络的强度和结构显著相关,尤其是产品和过程创新。Uzzi(1998)研究了网络结构嵌入性与关系持久性之间的关系,通过实证发现,网络规模对企业的创新水平和创新绩效有显著的正向影响,即网络规模扩大会带来信息获取量的增加,最终提高企业的创新水平和创新绩效。Gulati(1998)从社会网络的观点去研究企业联盟,通过分析得到相较于企业在市场中所处的网络,企业在联盟网络中所处的位置更能代表其所产生的创新绩效,体现了网络位置和网络角色的重要性。Tsai(2001)则从网络角度研究了网络中知识转移对创新绩效的影响,发现企业在网络中所处的位置会大大影响企业所

2 相关文献综述

产生的创新绩效,因为网络中所处的位置决定着企业在知识和信息传播中所处的位置,进而根据其所处的位置来判断其对创新绩效的影响,位置越重要,它对创新绩效的作用也就越明显。Reagns 和 Mcevily(2003)从网络规模探讨了网络节点数所覆盖的区域大小对企业知识管理所起到的正向激励作用,即网络规模越大越有利于知识的传播和学习。Cummings(2004)认为,网络结构的特征对企业资源的获取和知识的产生和传递有重要的作用,网络结构越多样,资源和知识的获取就越多样。Gilsing 和 Nooteboom(2005)研究发现,网络中节点间的互动可以降低交易成本,培育信任机制,促进合作的稳定和快速建立。

2.3.2.2 国内相关研究

国内关于网络特征的研究多是从维度测量、网络划分、问卷调查等方面展开,如张艳辉等(2012)、洪燕真和戴永务(2015)、彭伟等(2013)、赵良杰和宋波(2015)、张敏和张一力(2015)等,具体如表 2-17 所示。

表 2-17 产学研合作创新网络结构特征对创新绩效影响的相关研究

作者	指标	方法	观点
张艳辉等(2012)	网络的中心性、网络的联接强度、网络的异质性、网络动态性	企业访谈、问卷调查、结构方程	网络技术创新绩效和网络四个维度的指标正相关

(续表)

作者	指标	方法	观点
洪燕真和戴永务（2015）	网络居间性、网络资源丰富度、网络反馈机制、网络关系互惠性等	问卷调查、SPSS回归分析	林业产业的发展和创新网络环境、创新网络结构相关，尤其是网络居间性和网络资源丰富度会对创新资源的发展产生正向影响
彭伟等（2013）	网络密度、网络中心性	问卷调查、企业访谈、问卷调查	团队内部网络密度和咨询网络中心性对团队创新绩效有显著影响，其中正是整合在这种影响中起到中介作用
赵良杰和宋波（2015）	平均连通度、小世界系数、匹配系数、中心性程度	计算机仿真、统计回归分析	联盟网络的小世界特征对创新绩效短期负相关，长期正相关
张敏和张一力（2015）	网络的程度中心性、中介中心性	问卷调查、结构方程	网络的程度中心性和中介中心性在积极拖延和创新绩效之间起到调节作用
曹洁琼等（2015）	平均路径长度、集聚系数	社会网络负二项回归分析	平均路径长度和聚类系数均与创新绩效相关，而且聚类系数在平均路径长度和创新绩效之间起倒U调节作用
吴俊杰等（2015）	网络的广泛性、关系强度	问卷调查、结构方程	网络的广泛性和关系强度与创新绩效呈倒U形关系，而且组织冗余在其中起调节作用

(续表)

作者	指标	方法	观点
张敏和张一力(2015)	网络的中心性	问卷调查、结构方程	网络的中心性在过度自信和创新绩效之间起调节作用
王彦博和任慧(2015)	结构洞、中心集中度	合作应用专利负二项回归分析	运用案例分析来研究结构洞和中介中心性对创新绩效的影响机理
徐建中和朱晓亚(2016)	网络的异质性、网络的联系强度	问卷调查、多层线性模型	网络的异质性和网络的联系强度在员工的前涉行为和团队创新绩效中起中介作用
王彦博和任慧(2016)	结构洞、中心集中度	负二项回归	知识网络和合作网络中结构洞对创新的影响相反,同时知识网络和合作网络的中心集中度对探索式创新的作用也不相同
李守伟和朱瑶(2016)	节点度、中介中心度、结构洞	问卷调查、结构方程	节点度、中介中心度和结构洞均对经济绩效起促进作用

资料来源:作者根据相关文献整理。

通过表2-17可以看出,现有的关于产学研合作创新网络结构特征对创新绩效影响的研究更多从知识管理和网络视角相结合的角度去探讨,数据收集方法也多是采用问卷调查,然后运用结构方程进行回归分析,从而得出研究结论。关于产业的研究多是高新技术产业,如信息和通信技术产业、新能源产业等,使用网络指标中中心性指标的出现率最高,其次是结构洞指标和小世界特性。

2.4 文献述评

通过对现有文献的梳理和分析可以发现,社会网络分析法产生较早,在国外也较早得到了运用,但是国内相关研究未能很好地运用该方法,虽然也有学者研究产学研合作创新网络对创新绩效的影响,但是现有研究还存在以下不足。

(1) 通过近些年国内外对生物医药产业、技术和企业的研究可以发现,现有研究主要有以下几个特点:①关于网络形成的研究比较多,现在开始转向对其演化的研究。②关于生物医药企业发展模式和政府监管部分的研究已经比较成熟,现在已经进入总结阶段。③关于生物医药企业集群和创新网络的研究较集中于对创新因素分析及网络的形成上。虽然有以上特点,但也存在以下问题:①关于网络的形成侧重对现状的分析,或者使用回归分析作因素分析,但是对网络形成过程并没有作深入的研究,对产学研合作创新网络的形成并没有统一的说法。②对网络结构的刻画、创新网络结构特征的分析及结构特征对创新绩效影响的研究仍然有所欠缺。

(2) 现有的关于创新网络的研究层次从经济地理视角来说已经比较清晰了;研究侧重创新网络演化的分析,而且已经取得了很多成果;

但是针对结构的研究较少,而且研究较浅显;关于网络结构特征的研究更是少之又少,已有关于创新网络结构特征的社会网络研究也主要是对拓扑性质的刻画,对网络结构特征关系的研究较少。

(3) 现有产学研合作创新研究集中于对三种不同的产学研合作模式进行分析和探讨,在合作模式、问题与对策、保障、各方博弈、绩效、知识管理、合作网络和支撑技术等方面的研究中,合作模式、问题与对策和合作网络较多,但是很多研究主要侧重对宏观层面的定性研究,针对微观层面的定量研究还需要进一步深入。

(4) 现有关于创新网络对创新绩效的影响研究主要有产学研创新网络的能力、产学研创新网络的特征、产学研创新网络的因素及产学研创新网络的主体四个方面。其中创新网络能力的研究和产学研创新网络因素的研究相对较多,涉及的行业也较多,研究范围较广。但是关于产学研创新网络结构特征及产学研创新网络主体的研究还有待进一步深化。

(5) 产学研合作创新网络对创新绩效的实证研究主要从创新网络结构和创新网络影响因素两方面出发。关于产学研合作创新网络和创新绩效的研究,学者普遍采用的方法是问卷调查、结构方程或回归分析法,较少会使用扎根理论、仿真和博弈论,而使用社会网络分析方法更是少之又少。创新绩效的选择多是依据问卷整理,或者从过程创新、技术创新、产品创新、工艺创新等出发,其中关系稳定程度、合作满意程度、创新能力提高程度的使用次数较多,但是将网络构建过程融入创新网络和创新绩效的关系研究很少,关于创新网络之间多重关系的研究基本没有。

2.5 本章小结

首先,本章对研究所涉及的概念进行界定,涵盖了生物医药产业、产学研合作创新网络及创新绩效,并对研究的理论基础进行了阐述,包括社会网络分析和合作创新网络相关的基本理论问题,重点介绍了社会网络和复杂网络的区别和联系(社会网络分析的基本概念、分析方法和研究内容)及社会网络分析相关的理论(弱连带优势理论、镶嵌理论和结构洞理论、创新理论和国家创新系统理论)。

其次,对本书所涉及的形成问题相关的文献进行综述,包括生物医药产业相关研究综述、产学研合作创新网络相关研究综述及网络形成问题相关研究综述。

再次,对产学研合作创新网络结构特征对创新绩效影响的相关研究进行综述,对创新网络和创新绩效之间关系的研究从理论研究和实证研究两个方面展开,理论研究着手于产学研创新网络的能力、产学研创新网络的特征、产学研创新网络的因素及产学研创新网络的主体等方面来展开,实证研究则从选取的指标、运用的研究方法和结论入手。对网络结构特征对创新绩效的影响研究则从国内和国外两个方面展开阐述。

最后，进行文献述评，分析现有研究的不足，提出本书的研究问题及本书后续的研究过程。

接下来第 3 章将解决本书的第一个研究问题：我国生物医药产学研合作创新网络的现状及网络结构如何。

3 生物医药产学研合作创新网络的社会网络分析

本章主要研究生物医药产学研合作创新网络现状及网络结构。现有关产学研合作创新网络的研究主要包括两个方面：一方面是从社会网络分析的角度出发，运用社会学和管理学的视角去研究经济和社会问题，主要分析整体网络和自我网络的中心度、密度和小世界性等。例如，边燕杰和张展新（2002）从关系强度和关系资源探讨求职网络过程。这是纯粹从关系理论出发研究社会学领域的问题。李长玲等（2011）运用社会网络分析从密度、中心度和小世界性三个方面探讨企业内部知识传播效率。Mills（2014）等从自我网络和整体网络的角度对旅游相关的口碑传播特性进行社会网络分析。结果表明，与旅游相关的口碑传播对现有社会关系具有依赖性，其中关系可以分为强、中等强度和弱，而且发送信息的效果对决策的影响更大。除此以外，还有Alexandrescu等（2016）运用社会嵌入性三个指标探讨利益相关者所构成的社交网络结构。另一方面是运用复杂网络分析方法，通过社会网络的拓扑结构分析经济问题。例如，Kim和Park(2009)探讨了不同类型的网络结构对知识扩散效率的影响，包括BA、WS等网络结构，最后得出WS网络结构最适合知识扩散。Zhang等(2010)探讨网络社区结构特征并分析如何让外部节点更好地融入社区。社会网络分析模型主要包括随机网络模型(ER随机网络模型)、小世界网络模型(WS小世界网络模型)和无标度网络模型(BR无标度网络图模型)。社会网络分析主要通过网络的拓扑性质分析其所归属的网络模型，并针对其拓扑性质研究如何进一步促进网络的发展。

生物医药产学研合作创新网络是社会网络中组织网络的一种，所以本章从社会网络分析角度出发，对现有生物医药产学研合作创新网络的现状及特征进行分析，包括无标度、小世界性等网络特征。

3.1　问题的提出

通过文献等可以看出，我国生物医药产学研合作创新网络已经形成，而且对我国生物医药的发展起着重要作用，如上海张江生物医药园区(以下简称"张江园区")是张江国家自主创新示范区的重点产业之一，也是上海市支柱性产业。张江生物医药园区汇集了大量的研发机构、中介机构和金融机构，政府给予张江园区很多优惠政策，使其成为我国生物医药产业的龙头区域。由此可见，在政府、企业、金融机构、高校、中介机构等作用下,张江生物医药产学研合作创新网络已经形成而且推动了整体网络的发展。所以要探讨生物医药产学研合作创新网络,需要先了解生物医药产学研合作创新网络的现状及其已形成网络的结构。这是一种普遍现象,在很多文献中都已经得到证明,但是现有文献较多从集群的角度展开分析,尤其是地理集群所带来的创新绩效,从某种程度上来说地理集群仅仅反映了地理邻近性。而且现有关于生物医药产业产学研合作创新网络的研究较少。所以针对这一普遍现象,本书运用社会网络分析法对其现状、演化及网络结构特征进行分析。

3.2 生物医药产学研合作创新网络的构建

3.2.1 社会网络分析方法、过程及数据来源

3.2.1.1 社会网络分析方法及相关指标

社会网络分析方法是来自社会学的一种分析方法。该方法很好地将数学和图论联系在一起,用来解决社会问题。社会网络分析中网络的建立得益于节点和边的确定,节点的概念来源于图论中顶点的概念。节点的范围比较广泛,根据研究的需求可以指具有明显个性特征的个体、法人或者非法人特征的组织。边来自图论中节点和节点之间的连接线,其用于网络分析,指的是网络的节点基于何种关系联接在

一起,其中关系既可以指空间联系,也可以指时间联系。

社会网络的刻画指标主要有节点(node)、关系(relation)、关系路径(relation path)、联系度、居间度、紧密度及中心性等。这些指标的相关概念如下:

节点在图论中又称为顶点,即一个图中所涉及的各个顶点。节点是图中顶点的集合,一个网络可能涉及的节点数量极大,搜集和选取研究所需要的节点是社会网络研究的难点,也是起点。

关系在图论中称为图的边,所以它是连接两个顶点之间的一条线,这条线可能是有向的,也可能是无向的,在管理学和经济学的应用中,现在关于社会网络分析主要适用无向网络。

关系路径所探讨的关系是指有向的关系,所以路径是有向的。这一路径所连接的两个节点不一定相邻,侧重于探讨节点之间如何联通,所以它是一个抽象的概念。

关系累积亲密度(关系路径亲密度)是和关系路径相联系的一个概念,将节点之间的关系路径累积相乘就可以得到两者之间的关系累积亲密度。关系累积亲密度的表达式如下:

$$A = \prod_{i=1}^{l-1} a_i \quad (3\text{-}1)$$

联系度指的是和某个节点有关系的节点数,如果一个节点和其他节点之间的联系度高,则表明有多个节点和其相连,其在网络中所起的作用就比较重要。它可能对其相连的节点起到控制或操纵的作用,

所以这是研究中比较重要的一个指标,具体表达式如下:

$$D_d(V) = \frac{\sum_{i=1}^{n} b(i, v)}{\sum_{v=1}^{n} \sum_{i=1}^{n} b(i, v)} \qquad (3-2)$$

居间度指一个节点到其他节点之间的最短路径。它可以很好地测算出某个特殊节点和其他节点的相关程度。居间度越大,说明其所起的作用越大,可以用其来表示探讨节点的结构洞作用。具体表达式如下:

$$D_d(V) = \frac{\sum_{i=1}^{n} \sum_{j=1}^{n} g_{ij}(v)}{\sum_{v=1}^{n} \sum_{i=1}^{n} \sum_{j=1}^{n} g_{ij}(v)} \qquad (3-3)$$

紧密度体现一个网络的密度大小,其代表了网络中节点最短路径之和。具体的表达式如下:

$$D_c(V) = \frac{\sum_{i=1}^{n} s(i, v)}{\sum_{v=1}^{n} \sum_{i=1}^{n} s(i, v)} \qquad (3-4)$$

中心性是刻画节点特征的重要指标,一般在刻画中心性的时候通常会和前所述指标相联系来体现某个节点在网络中的中心性。程度中心性的刻画不仅仅针对个体的程度中心性,也可以用来衡量整体的中心性,体现一个网络是分散还是集中。集中网络一般指整体网络围绕几个节点形成集权的现象。具体的表达式如下:

$$C_D(n_i) = d(n_i) = \sum_j x_{ij} = \sum_i x_{ij} \tag{3-5}$$

$$C_D(n_i) = \frac{d(n_i)}{g-1} \tag{3-6}$$

$$C_D = \frac{\sum_{i=1}^{g}[C_D(n^*) - C_D(n_i)]}{\max\sum_{i}^{g}[C_D(n^*) - C_D(n_i)]} \tag{3-7}$$

从上述公式可以看出,一个网络群体程度中心性数值的高低代表了其网络权利的集中程度,在社会网络中存在蝴蝶模型,即网络外部节点的流动,一般流入的节点最终留存在网络中的较少,对于成熟度高的网络来说,这些节点是有向的,方向可以分为由该节点发出的联系和该节点收到的联系两种。

3.2.1.2 社会网络分析过程

本节在社会网络分析方法下,主要是针对我国生物医药产学研合作创新网络的特征进行刻画并对其进行社会网络分析,包括网络的整体结构分析,建立块模型分析以及小世界特性分析。研究过程主要包括三个方面:

(1) 利用Gephi软件并结合社会网络分析理论对生物医药产学研合作创新网络的结构及其演化进行分析。

(2) 在(1)的基础上选择上海市生物医药产学研合作创新网络的

参与者如高校、科研机构和企业,利用 Ucinet 进行社会网络分析,主要包括凝聚子群分析和小世界分析。凝聚子群分析和小世界分析可以得出整体网络模型中最密集的一些节点集合,在各个块模型内部的节点之间平均路径长度较短,聚类比较集中,模块内的节点网络之间信息的路径短、速度快,节约成本,所从事创新活动比较密集,产生的创新成果较多。所以,研究网络的凝聚子群和小世界特性对激发创新十分有必要。

(3) 在(1)和(2)的基础上对研究结果进行总结并提出促进创新的意见和建议。

社会网络结构的分析主要包括两种类型的研究——质的研究和量的研究,由此产生了质化的结构观和量化的结构观。质化的结构观主要针对社会结构的概念以及概念界定的研究,量化的结构观主要针对社会结构的刻画,本书所采用的便是量化的结构观。凝聚子群分析是对量化结构观的进一步使用,块模型分为随机块模型和一般化块模型,目前已经在大量的小群体内得到了应用。块模型的建立是为了对凝聚子群进行分析。

3.2.1.3　数据来源

现有关于产学研合作创新网络的研究中,大部分都是用专利进行度量:首先,相对于其他类型数据,专利数据是我国公开且比较规范,可以直接检索获取的创新数据。用专利作为网络关系建立网络,操作性更强,规范性和严谨性也有保障,而且专利所包含的信息量很大,在技术创新和创新网络方面的研究发挥着举足轻重的作用(杨冠灿,2013)。其次,生物医药企业的核心竞争力及特征与专利紧密相关,各生物医药企业都积极从事研发创新活动,专利是其研发创新能力和绩效的一个很重要也是主要的衡量指标,拥有了新专利在某种程度上就意味着该类市场的垄断(朱修篁等,2015)。最后,国家政策大力推进生物医药研发创新,将研发创新作为技术创新主要驱动因素(傅俊英、赵蕴华,2012)。所以,本书中生物医药产学研合作创新网络关系均是基于专利建立。

专利可以分为发明专利、实用新型专利和外观专利等。专利因企业创新而产生,分类清晰、口径一致、数据翔实,所以国际通常使用发明和实用新型专利作为合作创新的重要指标。本书基于发明和实用新型专利,使用合作申请专利作为研究的切入点,依照世界知识产权组织(World Intellectual Property Organization,WIPO)和国际专利分类(International Patent Classification,IPC)对生物医药产业的划分标准,生物医药产业主要对应的 IPC 专利分类为 A61K。

本章研究产学研合作创新网络使用合作申请专利数,数据来源于国家知识产权局专利检索数据库。中国在 1985 年颁布实施了第一部《中华人民共和国专利法》,到 2016 年 12 月 31 日 A61K 的专利申请数共 5 351 074 项,每个专利包括申请号、申请日、公开(公告)号、申请(专利权)人以及发明人和代理机构。本书选取合作申请专利在选择生物医药领域的基础上筛选出由企业、大学或科研机构共同申请的专利并建立生物医药产学研合作专利库,其中排名前五的大学分别是复旦大学、中国药科大学、厦门大学、浙江大学、清华大学,如表3-1所示。

表3-1　1985—2016年产学研合作中高校所参与的专利统计

学校	专利数
复旦大学	335
中国药科大学	148
厦门大学	113
浙江大学	111
清华大学	101

资料来源:国家知识产权局专利搜索。

在此基础上,本书将所选取的时间进行了划分,选择七个分界点:1985年、1990年、1995年、2000年、2005年、2010年、2016年。选取依据主要有以下两个方面。

(1) 本节主要研究产学研合作创新网络结构特征及演化,简单做一个总体图是无法很好地诠释最终结构的形成过程,通过七个分界点的选取可以做出不同时间节点的七个社会网络图,由此可以很好地反映合作创新网络的演化。

(2) 中国第一部专利法在1985年颁布并实施,所以将1985年作为第一个分界点;2000年国家对专利法进行了第二次修改,是"科教兴国"战略的一个重要举措;2006年我国制定的《国家中长期科学和技术发展规划纲要(2006—2020)》中正式确定了在2020年建立创新型国家的战略目标,强调了科学技术的重要性;基于此,本书以5年为一个分界点进行研究,每一个分界点的合作申请专利数为截至分界点的总数,如2005年即1985—2005年合作申请专利数之和。

3.2.2 网络的演化及描述性统计

3.2.2.1 网络的演化

网络的拓扑性质及结构不是一开始就立即形成,其随着时间的变化不断发展完善,所以本书选择具有现实意义的7个分界点运用Gephi绘制了1985年、1990年、1995年、2000年、2005年、2010年和2016年共7个节点的生物医药产学研合作创新网络图。具体如图3-1所示。

从图3-1可以看出,在1985年到2016年间,我国生物医药产学研合作创新网络1583条线从三个节点、两条线,发展到2017个节点。网络的节点越来越多,节点和节点之间的联系越来越紧密。尤其是近十几年,发展迅速,这得益于2006年我国制定的《国家中长期科学和技术发展规划纲要(2006—2020)》,其正式确定了在2020年建立创新型国家

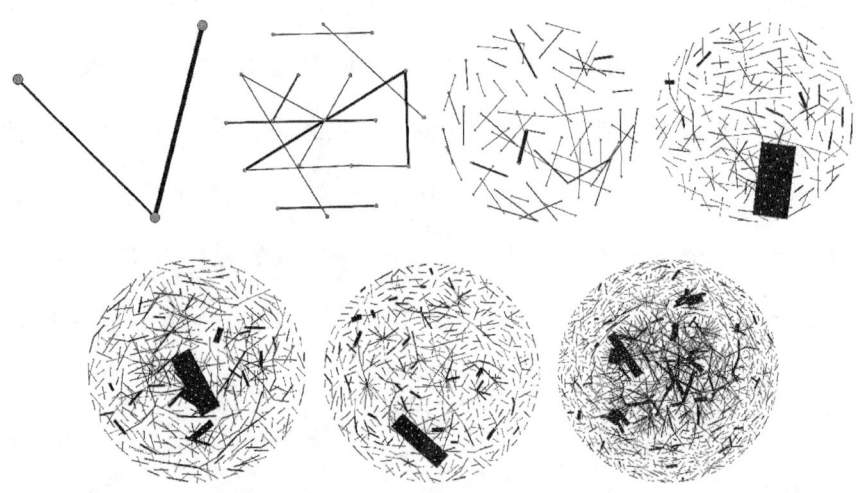

图 3-1　1985—2016 年我国生物医药产学研合作创新网络演化图

的战略目标,国家和各地方政府出台了一系列促进科技发展的政策,生物医药也在这个过程中得到了快速发展。

3.2.2.2　产学研合作创新网络演化的描述性分析

(1) 生物医药产学研合作创新网络的总体特征。

从表 3-2 可以看出,1985 我国生物医药产学研合作网络的边和节点量分别为 2 和 3,数量极少,说明这一时期生物医药之间的产学研合作极少,大部分企业的研发投入较少或者只是通过企业自身研发来实现创新。1990—1995 年节点和边的增长率较快,基本上在 82%以上。到 1995 年产学研合作创新网络基本成形,但是产学研合作数量较少、规模较小,从 2005 年开始产学研规模不断扩大,1995—

2016年节点数增加了近18倍,边数增加了近28倍。这说明产学研合作网络规模快速增加,网络节点越来越多,越来越密集。具体如表3-2所示。

表3-2 生物医药点和边的变化趋势

年份	节点(N)	节点增长率	边(M)	边增长率
1985	3		2	
1990	19	0.842 105 26	12	0.833 333 33
1995	111	0.828 828 83	64	0.812 5
2000	353	0.685 552 41	223	0.713 004 48
2005	762	0.536 745 41	515	0.566 990 29
2010	902	0.155 210 64	611	0.157 119 48
2016	2 107	0.571 903 18	1 583	0.614 024 01

资料来源:作者自制整理。

从表3-3可以看出,1985—2016年我国生物医药产学研合作创新网络的平均度基本稳定在1.3左右,在2016年达到1.502,平均度、平均路径长度和网络直径从1995年开始不断增加,在2016年都达到顶峰。网络密度总体在不断降低,这说明产学研合作网络规模在不断增加,但是网络越来越稀疏,产学研间的合作跨度越来越大,不断吸引外部节点的进入,但是大体上较为分散。

表 3-3　我国生物医药产学研合作创新网络指标

年份	图密度(ρ)	平均度(k)	平均路径长度(L)	网络直径(D)
1985	0.667	1.333	1.333	2
1990	0.07	1.263	1.2	2
1995	0.1	1.153	1.347 826 087	3
2000	0.04	1.263	1.593 137 255	5
2005	0.002	1.352	2.398 806 294	7
2010	0.002	1.355	1.982 749 026	6
2016	0.01	1.502	7.408 769 242	20

资料来源:作者自制整理。

我国生物医药产学研合作创新网络之所以会在 2000 年、2005 年和 2016 年发展迅速,这得益于我国相关政策的制定和激励。2000 年国家对专利法进行了第二次修改,这是"科教兴国"战略的一个重要举措。国家进一步加强对创新的激励,很多企业开始走出现有研发模式,根据需求与高校及科研机构合作,此时生物医药产学研合作创新网络规模开始扩张,此举一直维持到 2005 年。2006 年我国制定的《国家中长期科学和技术发展规划纲要(2006—2020)》正式确定了在 2020 年建立创新型国家的战略目标,强调了科学技术的重要性,由此更多的科研机构和高校开始参与其中,并开始技术的成果转化研究。

同时国家层面政策的引导促使各地方出台相关措施推进产学研合作创新以及发展产学研集聚区,所以网络的规模在不断扩大,但是网络较稀松,呈现出以几个区域迅速发展为主的状态。生物医药行业特性使其试图单纯依靠企业自身获得创新难度较高,随着网络的发展,企业的作用在不断弱化,高校所扮演的角色越来越重要,成为生物医药产学研合作创新网络中的主导者。

(2) 我国生物医药产学研合作创新网络整体网络规模特征。

网络规模是网络结构的主要指标之一,其次是网络密度等。本部分主要对网络规模的指标和数据进行分析,具体如图3-2所示。

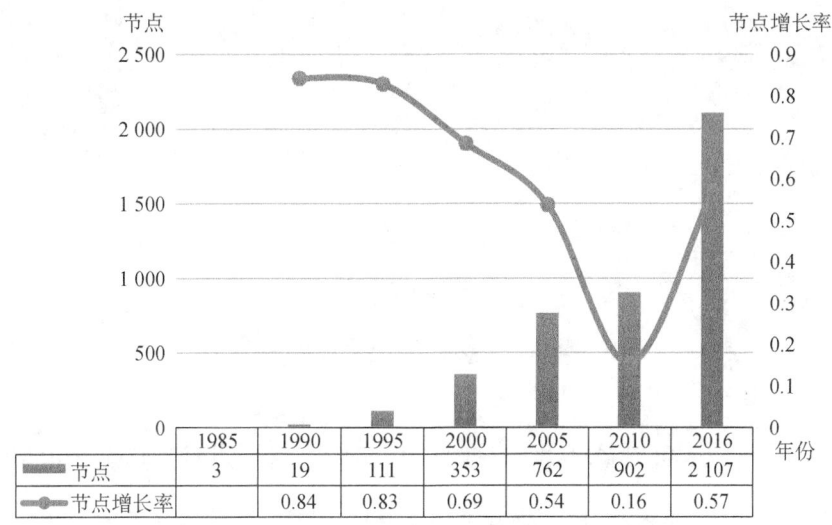

图3-2 网络节点指标和数据图

从图3-2可以看出,从1985年到2016年,节点总数在不断增加,从1985年的3个节点增加到2016年的2 107个节点,节点的增长率从1985到2010年逐年降低,但是从2010年开始节点在大幅增长,达到57%的增长率。这说明我国确立创新型国家的目标在很大程度上刺激了生物医药产业的发展。

从图 3-3 可以看出,网络边的总量、边增长率的增加率和网络节点及其增加率的变化基本上一致。这说明节点在增加的同时节点之间的关系也在不断增加,而且两者的变化趋势基本相同。从某种程度上说明了网络密度的变化。

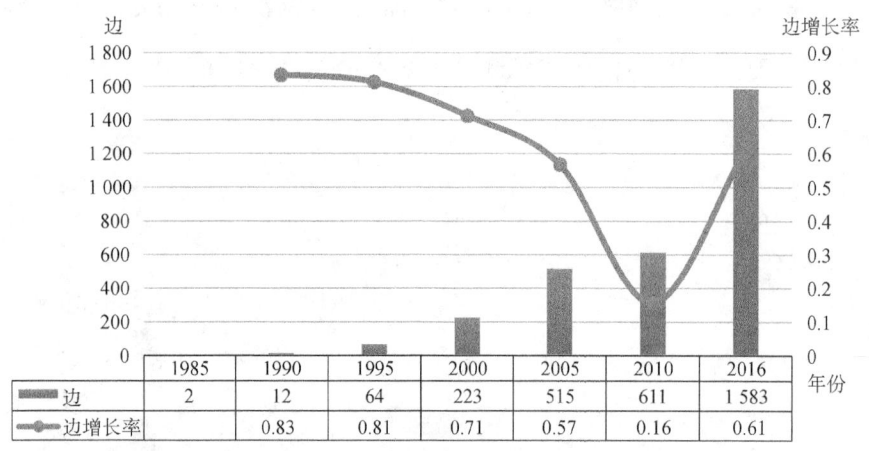

图 3-3　网络边指标和数据图

从图 3-4 可以看出,网络密度在不断减少,这说明随着节点和边的增加网络的密度不升高,反而降低了,网络越来越稀疏,节点和节点之间的连接越来越趋于团体化,即某一类节点更倾向于与某一类节点连接。这就导致了网络中子群的出现,各个子群之间的凝聚力较高,但是该子群和其他子群的联系较少。子群之间的交易成本和效率虽然短期内会提高,但是网络的发展会阻碍创新的产生和扩散。网络密度的增长率变化不大,但是 2010—2016 年随着国家创新型战略的提出,网络的总体联系度在 7 年间越来越紧密,密度越来越高。

3 生物医药产学研合作创新网络的社会网络分析

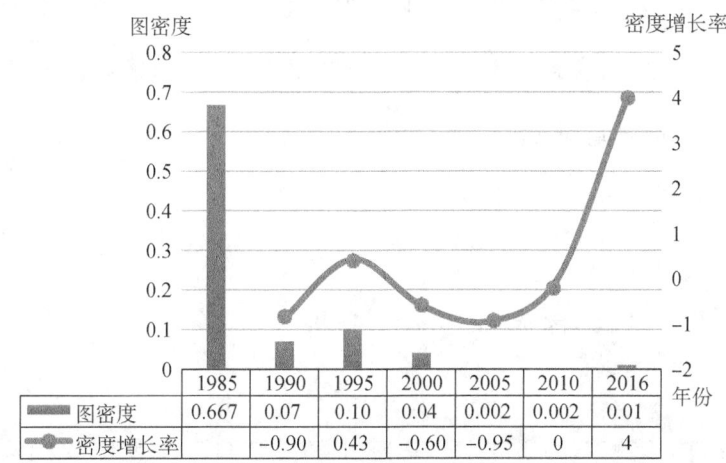

图 3-4　图密度及其增长率图

从图 3-5 可以看出,平均路径长度从最开始的 1.333 发展到 2016 年的 7.41,节点和节点之间的跨度越来越大。这和上图中网络密

图 3-5　平均路径长度及其增长率图

度在2010—2016年快速增加一样,说明网络之间的紧密性和凝聚力随着网络子群之间联系增加而增加,子群变大,网络的平均路径长度增加,网络节点之间的交流越来越多,不同创新主体之间开始加强信息、技术和资源的交流和共享。

3.2.3 网络的无标度特征分析

社会网络模型的研究主要分为四种:规则网络模型、随机图网络模型(ER模型)、小世界网络模型(WS模型)和无标度网络模型(BA模型)。随机图网络模型的度分布服从泊松分布,平均路径长度和聚类系数较小。小世界网络模型多是针对现实网络中的集群现象进行研究。无标度网络模型的度分布服从幂律分布,其平均路径长度和聚类系数都特别小。此外,还有其他一些社会网络模型,但是小世界网络和无标度网络模型研究取得的突破性成果较多。其中无标度网络模型是现有网络模型中唯一度分布服从幂律分布(即长尾分布)的网络模型。

从图3-6可以看出,2000—2016年我国生物医药产学研合作创新网络的度分布逐步趋向于长尾分布,我国生物医药产学研合作创新网络的异质性明显,网络分布不均匀,呈现无标度网络模型特征,平均路径长度和聚类系数极小,其中聚类系数趋近于0。

综上所述,我国产学研合作创新网络的规模越来越大,节点之间的紧密性越来越小,网络较稀疏,整体网络的度分布呈现幂律分布。这说

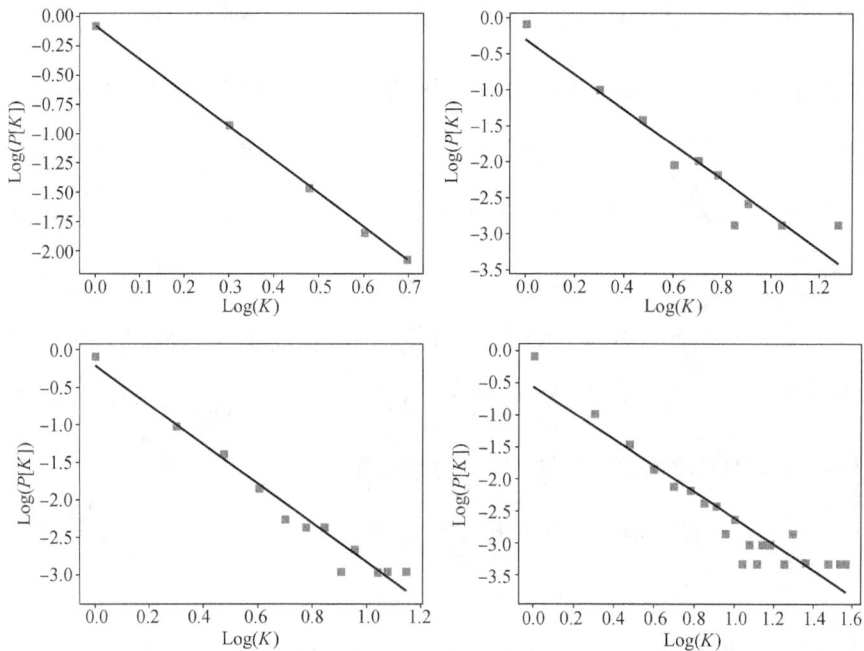

图 3-6　2000—2016 年我国生物医药产学研合作创新网络度分布的演化

注:K 指节点,$P[K]$ 指节点的度分布。

明我国生物医药产学研合作创新网络是无标度网络。这种趋势和规律的形成是由生物医药自身企业创新模式、国家及地方政策引导所致。

3.3　上海市生物医药产学研合作创新网络的社会网络分析

3.3.1　样本选择

上一节分析了我国生物医药合作网络特征及演化,并对其网络无标度特征进行了分析，得出我国生物医药呈无标度网络特征，而且呈现集群发展现象，接下来将对我国生物医药产学研合作创新网络进行社会网络分析，主要包括凝聚子群分析和小世界性分析，并针对社会网络分析结果提出提升产学研合作创新网络集群创新绩效的意见和建议。

鉴于中国产学研合作创新网络比较庞大且相对比较分散，凝聚子群及小世界性的分析结果不会很理想，所以本部分选择上海市生物医药产学研合作创新网络进行社会网络分析。

中国生物医药集群进一步凸显，生物医药产业分布已经初步形成了以长三角、环渤海为中心，珠三角地区、东北地区快速发展的态势。从产业规模、创新能力、人力资源和国际交流四个方面来看，环渤海区域人力资源方面优势明显，除此以外，产业规模、创新能力和国际交流都是长三角地区领先，尤其是创新能力和国际交流能力。所以长三角地区生物医药发展优势明显而且相对比较成熟。在该区域内上海生物医药产业的发展起到了龙头作用，尤其是张江高新技术园区。随着上海要打造具有全球影响力科创中心战略的实施，张江高新技术园区也扩大到22园，遍布上海市，张江的研发实力很强大，且辐射作用已经扩散开来，推动着整个长三角生物医药产业的发展。

从表3-4可以发现，申请人区域分布中，复旦大学、上海博道基因技术有限企业、中国药科大学排名前三，在A61K发明中技术重心指数前两位分别是复旦大学和上海博道基因技术有限企业，占比分别为

3 生物医药产学研合作创新网络的社会网络分析

26.96%、19.41%。所以,本书选取上海生物医药作为产学研合作创新网络进行分析。

表 3-4　申请人区域分布及技术重心指数分析

申请人	区域分布	技术重心指数
复旦大学	335	26.96%
上海博道基因技术有限企业	195	19.41%
中国药科大学	148	2.25%
厦门大学	114	5.19%
浙江大学	111	1.94%

数据来源:作者自制整理。

本部分研究样本主体是上海市生物医药产学研合作创新网络,研究样本时间是从 1985 年 1 月 1 日到 2016 年 12 月 31 日,样本数据来源依托国家知识产权局专利检索数据库,生物医药产学研合作创新网络建立依托生物医药产业的合作申请专利数。

3.3.2　网络分析

3.3.2.1　凝聚子群分析

在整体网络中如果出现了联系比较紧密,合作比较频繁的小团体,我们把这些小团体称为凝聚子群。量化的结构观主要通过对社会结构进行分析,刻画出社会结构中社会行动者之间的关系模式。凝聚子群分析便是对"子群"关系的刻画,对多值关系的凝聚子群分析需要结合关系的可达性和点度数进行处理和分析。本部分主要使用的是块模型分析方法进行凝聚子群分析,采用 Ucinet 软件进行多次块模型分析,以降低派系重叠,最终得到 6 个凝聚子群。这 6 个凝聚子群的派系重叠度最小。

通过凝聚子群的分析可以对已存在的产学研合作创新网络中小团体情况进行探究和分析,凝聚子群的密度是小团体现象一个很好的分析指标。如果某个子群的密度明显高于其他子群,则该子群有小团体现象。这种现象不利于创新的产生和传播,甚至在一定程度上会阻碍创新,挫伤创新的积极性。

上海市生物医药产学研合作创新网络可以分为六类凝聚子群。由表 3-5 可以看出,六个凝聚子群的密度都相对较低,除了第 3 个凝聚子群(凝聚子群的密度为 0.098)相对较高,其他 5 个凝聚子群的密度为 0,说明这 6 个凝聚子群比较稀疏,凝聚子群内部交流较少,凝聚子群成员倾向于和外部凝聚子群的成员进行交流和互动。反之,如果凝聚子群的密度过高,则说明子群倾向于内部合作交流和互动,这对知识的流动和扩散以及创新来说都不利。所以,凝聚子群的密度是产学研合作创新网络的重要指标之一。

表 3-5　上海生物医药六大凝聚子群的密度统计

项目	1	2	3	4	5	6
1	0.000	8.550	0.000	0.000	0.000	0.000
2	8.550	0.000	0.001	0.000	0.000	0.000
3	0.000	0.001	0.098	0.114	0.000	0.000
4	0.000	0.000	0.114	0.000	0.000	0.000
5	0.000	0.000	0.000	0.000	0.000	2.409
6	0.000	0.000	0.000	0.000	2.409	0.000

数据来源：ucinet6.2。

经过进一步计算可以得到整体产学研合作创新网络的密度均值为 0.053，利用整体网络的密度均值对表 3-5 进行二元化处理得到表 3-6，其中大于 0.053 的值取 1，小于 0.053 的值取 0。

表 3-6　二元化后的凝聚子群密度统计

凝聚子群名称	1	2	3	4	5	6
1	0	1	0	0	0	0
2	1	0	0	0	0	0
3	0	0	0	1	0	0
4	0	0	1	0	0	0
5	0	0	0	0	0	1
6	0	0	0	0	1	0

数据来源：作者自制整理。

通过二元化可以发现,凝聚子群均倾向于知识在整个群体之间进行流动,整体网络中的派系比较弱,尚未出现明显的派系。这说明产学研合作创新网络的形成更多依赖于相互之间的合作和创新,而不是单独几个小派系之间的合作和创新,现有网络中各个行动者之间交流较紧密,创新较频繁,随着节点的增加,虽然网络的规模在不断扩大,但是整体网络还比较稀疏。

同时据表 3-6 分析,按照合作倾向性可以将六个凝聚子群分为三组,分别是 1 和 2、3 和 4、5 和 6,这说明子群 1 更倾向于和子群 2 中的成员合作,以此类推,这种创新之间的流动和传播也不是完全相互的,未来随着网络的发展,很有可能 6 个凝聚子群会演化成 3 个凝聚子群。为了保证上海生物医药产学研合作创新网络的持续快速发展,应该关注这三组凝聚子群的发展,防止其进一步扩大和连接。过于紧密的联系会产生"小团体"现象,影响整体网络的创新和发展。

3.3.2.2 小世界性分析

1967 年美国著名心理学家斯坦利·米尔格兰姆提出著名的"六度分割理论",即你可以通过 6 个人认识任何一个陌生人。这说明整个世界是具有小世界特性的,整体网络亦会有这样的特性。研究表明,小世界网络中参与者会更加容易建立信任模式,小世界特性的网络具有较短的平均路径长度和较高的聚类系数。

3 生物医药产学研合作创新网络的社会网络分析

本部分将利用 Ucinet 软件对小世界特性进行定量化分析和刻画,小世界性的两个重要指标分别是平均路径长度和聚类系数。在具体操作时,通过 Ucinet 软件先得到聚类系数,然后再计算出平均路径长度,从而得到距离矩阵;通过距离矩阵来分析平均路径长度,进而说明生物医药产学研合作创新网络的小世界特性,具体如表 3-7 所示。

表 3-7 产学研合作创新网络距离计算结果

距离	频数	占比
1	292.000	0.056
2	4 818.000	0.929
3	78.000	0.015

数据来源:Ucinet6.2。

表 3-7 说明距离是 1 的情况出现了 292 次,距离是 2 的情况出现了 4 818 次,距离是 3 的情况出现了 78 次,其中距离是 2 的情况占的比例最大,高达 92.9%,上海生物医药产学研合作创新网络参与者之间的大部分距离是 2。这说明上海市生物医药产学研合作创新网络的平均路径长度较小。接下来本书进一步对距离矩阵进行描述性统计。

从表 3-8 可以看出,在合作网络中平均距离为 1.333,标准差为 0.421,最大距离为 4 818,最小距离为 0.015,这说明上海产学研合作创新网络的 156 个参与者中任何两个参与者之间的平均距离为 1.333。

所有参与者之间的距离不会大于 4 818。这表明上海产学研合作创新网络的参与者之间的跨度较大,网络十分不均匀。

表 3-8 产学研合作创新网络距离矩阵的统计描述

指标	数值
均值	1.333
标准差	0.421
和	5 189.000
方差	0.178
最小值	0.015
最大值	4 818

数据来源:Ucinet6.2。

通过对聚类系数和平均路径长度的分析得出,上海市生物医药产学研合作创新网络虽然拥有较高的聚类系数,但是平均路径长度相对较大,小世界特性仍在进一步演化过程中。随着参与者之间合作的增加,其他节点的加入,合作模式的信任机制逐步成熟,小世界特性也会越来越明显。

3.4 社会网络分析结果

本章节试图对生物医药产学研合作创新网络的演化进行分析并对无标度特征、凝聚子群及小世界特性加以刻画和社会网络分析,最终得出以下结论。

(1) 在近数十年的发展中,我国的生物医药产学研合作创新网络处于不断发展中,网络吸引越来越多外部节点进入,网络的规模越来越大,但是跨区域产学研合作较少。合作网络开始呈现出小世界和模块化发展的趋势,这是因为国家政策的引导和生物医药所具有的行业特性。

(2) 我国生物医药产学研合作创新网络具有无标度的网络性质,网络各个节点分布不均匀,不具有统一的性质,网络的度分布呈现幂律分布。我国生物医药产学研合作创新网络符合无标度网络模型的性质,这和大部分产业合作创新网络的性质一致。

(3) 我国生物医药发展最好的区域是上海市,无论从区域分布还是技术重心指数来说,上海市都处于前列。其中具有代表性的产学研合作网络参与者是复旦大学等。上海市产学研合作网络总共有156个节点,节点和节点之间的分区性明显。

(4) 上海市生物医药产学研合作创新网络的小世界特性较弱,通过对平均路径长度和聚类系数进行分析发现,小世界网络的平均距离为1.333,最大距离为4 818,最小距离为0.015,合作创新网络中参与者之间的专利合作不均匀,跨度较大。

基于上面的研究结论,本书提出以下政策建议。

(1) 由于生物医药产学研合作创新网络的小世界性特性特征,需要进一步加强产学研合作网络深化和发展,鼓励跨区域产学研合作,打破现有的区域限制,加强区域和国际合作,实现创新成果的进一步扩散和发展。一方面,政府通过政策进行引导和统筹;另一方面,企业要突破现有合作思维,拓宽视野和眼界,跨区域与国际先进企业和学院以及研究所合作,实现更大范围的资源优化配置。

(2) 由于生物医药产学研合作创新网络具有无标度网络的特征,在网络上中有一些关键的节点,如复旦大学等。加大对关键节点的扶持力度,使其发挥带动和统帅的作用,从而促进我国生物医药产学研合作创新进一步发展。

(3) 上海市生物医药产学研合作创新网络具有六个凝聚子群,凝聚子群之间"小团体"性不强,但是跨群之间的合作相对定向,未来有形成三个凝聚子群的趋势。虽然目前来看这种网络结构是有利于创新的产生传播和发展,但是需要注意凝聚子群的进一步扩散和发展,如果发展一家或几家独大,形成垄断,会导致创新的积极性受挫,效率和效果降低。

3.5 本章小结

本章主要是对生物医药产学研合作创新网络的现状及网络结构进行社会网络分析。首先,提出本部分的研究问题,并对社会网络分析进行简单的介绍。其次,运用国家知识产权局专利检索数据库建立我国生物医药产学研合作创新网络,并对我国生物医药产学研合作创新网络的演化进行描述性统计,对我国生物医药产学研合作创新网络的无标度特征进行分析,发现其符合幂律分布。最后,对上海市生物医药产学研合作创新网络的网络特征进行社会网络分析,包括凝聚子群和小世界特性的分析。

通过本章的研究可以对生物医药产学研合作创新网络的现状及结构有清晰的了解,在这种状况下,我们为了更好地探索现有网络所起到的作用,需要首先明晰网络的形成过程。

接下来第 4 章主要是运用扎根理论对我国生物医药产学研合作创新网络的形成过程进行分析,并运用上海张江来对网络形成模型进行案例验证,目的是解决第二个研究问题,即我国现已存在的生物医药产学研合作创新网络是如何形成的。

4　生物医药产学研合作创新网络形成研究

4.1　生物医药产学研合作创新网络现状

生物医药产业蕴含丰富的社会效益和经济效益。生物医药产业的进步为生物医药企业带来稳定经济效益的同时,也为人类的发展创造了巨大的机会,它有助于解决人类的健康问题、人口问题、环境问题等。生物医药产业是具有广泛发展前景的新型产业。近几十年生物医药产业在全球得到了发展,美国、欧洲等发达国家将生物医药产业作为重点发展产业,中国也逐步加强了对生物医药产业的重视,国家相关的政策法规支持着生物医药的发展。例如,2016年国家发展改革委印发《"十三五"生物产业发展规划》,2016年国务院印发《"十三五"国家战略性新兴产业发展规划》,指出在生物技术领域要构建基于干细胞与再生技术的医学新模式、推进基因编辑技术研发与应用和推进基因编辑技术研发与应用,超前布局战略性产业,培育未来发展新优势。随着近些年政策的支持,我国生物医药的发展达到了新高度。

4.1.1 生物医药产业的特点

生物医药产业有广义和狭义之分,广义的生物医药产业涵盖了生物医药的生产、分配和消费三个环节,涉及这三个环节的企业或组织都可以称为生物医药。广义生物医药包含三个层次,分别是核心层次、支撑层次和关联层次。核心层次是药品生产,支撑层次囊括了药品原材料提供、药品流通和制药器械制造,关联层次主要指医疗服务、药品监督管理和医药人才教育,具体如图4-1所示。

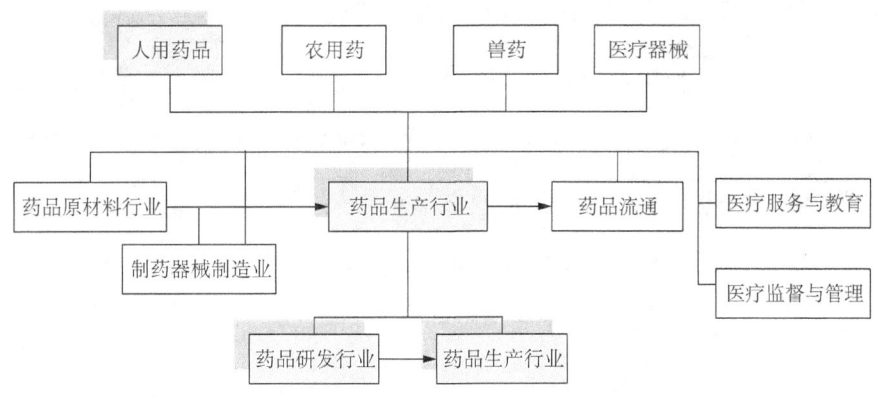

图4-1　广义和狭义生物医药产业之间的关系(王健聪,2011)

狭义的生物医药是指与生物医药生产相关的企业或者组织,与广义的生物医药相比,狭义的生物医药只涵盖了广义生物医药里面的核心层次,即药品的生产、研发和销售。两者之间的区别具体如图4-1所示,生产所涉及企业的核心业务是研发和销售活动。从图4-1可以看出,狭义的生物医药产业和广义的生物医药产业相比侧重于对人用药品的生产和研发。第2章对本书所使用的生物医药产业进行了定义,生物医药企业既包括现代生物技术企业也包括与现代生物技术相关的制药业、新药品开发等。其中生物医药主要有三个特点:①以生命科学作为理论支持,②研究客体为生命体及相关生物结构,③作为一个科学体系,该体系秉承市场导向并对各类生物产品进行研究、提供服务。

生物医疗产业范围比较广泛,包括生物技术企业、制药企业、医疗器械,如药物制造、新药开发、疫苗制剂、基因工程、蛋白抗体、基因治疗、器官再生、电子医疗、医学影像、分子诊断和医疗仪器等,具体如图4-2所示,从图中可以看出,大健康所涵盖的范围十分广泛,跨越了食品、医疗保健及化工等行业,但本书的生物医药企业主要包括生物技术产业和医药产业中的相关企业。

从产学研合作创新网络的角度出发,虽然生物医药产业范畴十分广泛,但生物医药技术仍是核心,这与生物医药行业的特点密不可分。核心企业包含了生物技术企业、药品生产企业和高校及科研机构。生物医药产业是高新技术产业的一种,具有高新技术产业共有的一些特征,如高技术、周期长、高风险。同时生物医药产业也具有一些自己的特性,如行业监管力度较大,企业需要承担较多的社会责任和市场高度细化等。

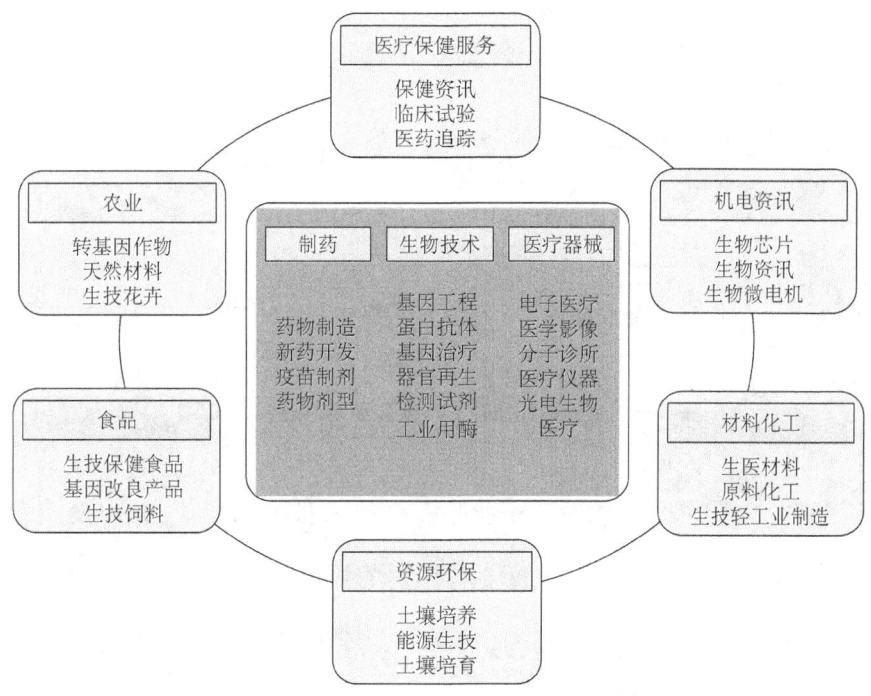

图4-2 生物医药产业的范畴(吕丽萍,2006)

(1) 高技术。生物医药行业是知识高度密集型的行业,技术含量高,对高水平技术人员的要求也较高;需求量较大,科研人员水平直接关系到技术的发展,是很多学科交叉形成的一种新型产业,所以对技术的要求相对较高。很多新产品的研发和生产都得益于技术的进步。

(2) 周期长。生物医药产业从药品的研发到药品上市需要经历多个阶段:研发阶段、临床前实验、新药研究申请、一期临床、二期临床、三期临床、新药审批和市场投放,具体如图4-3所示。每个阶段都面临着严格的审批,而且市场化过程难度大,周期一般要8至10年,甚至是

10年以上的时间,具体如图4-3所示。

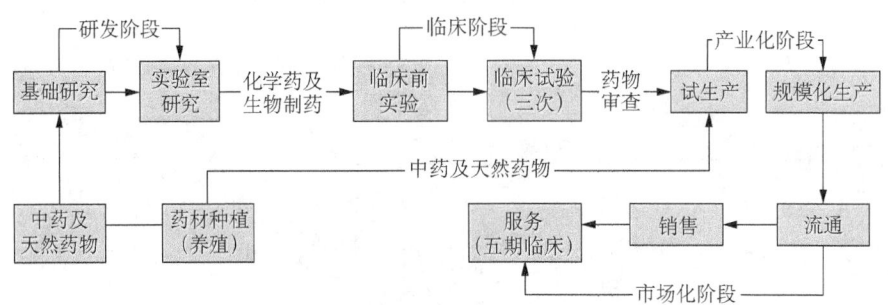

图4-3 生物医药的主要环节和周期(杨知歌,2014)

(3) 高投入。生物医药产业是一个投入很大的产业,其中投入占比高的是新产品研发、精密仪器和厂房的投入。Sun等(2014)的研究表明,在不考虑通货膨胀率的情况下,全球生物医药产业研发投入在2012年就达到2 684亿美元,其中美国的研发投入额最高,接近全球总额的一半,即1 246亿美元。在亚太地区,中国和日本的研发投入排在前两名,而且研发投入继续呈现高速增长的趋势。因为研发成功的新产品会给企业带来丰厚的利润回报,所以研发投入占企业总投入的一半以上。

(4) 高风险。生物医药产业的高技术、周期长、高投入等特征注定了它的高风险性。生物医药产业的风险主要体现在两个方面:一是研发方面的风险,大量的研发投入在8~10年的研发周期中失败的可能性也比较高,这就意味着企业需要承担较高的研发风险;二是市场化风险,企业将研发成功的产品投入市场后,如何在现有的细分市场中取得竞争优势存在巨大风险。

(5) 行业监管力度大。生物医药行业是关系着国计民生的关键行业,和人民的健康息息相关,需要有效的市场和行政监管。我国2015年和2016年两年时间出台了一系列政策法规来规范行业发展,涵盖了药品审批、生产、流动、支付和诊疗等各个方面,具体如图4-4所示。

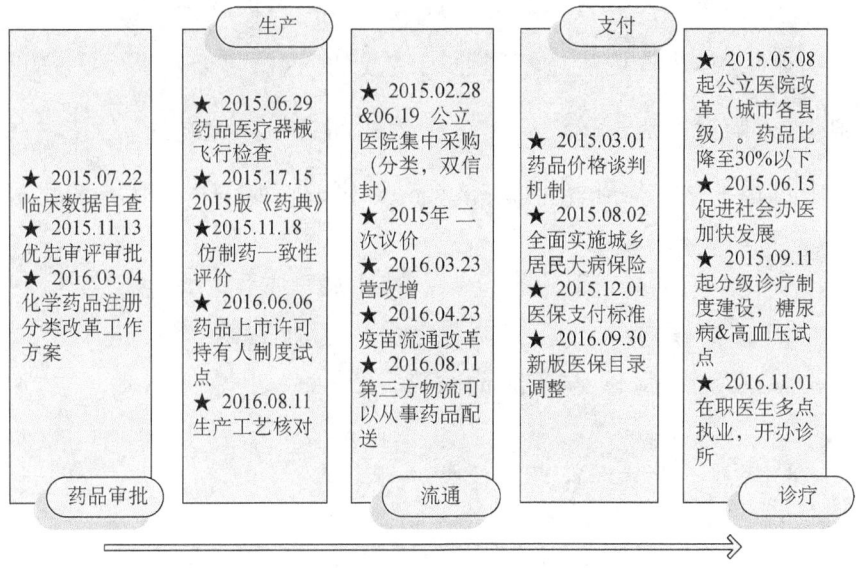

图4-4　2015—2016医药行业政策①

(6) 承担较多的社会责任。生物医药行业是一个利润相对较高的行业,所以企业在追求利润的同时需要考虑消费者的个人利益,不

---

① 参见智研咨询发布的《2017—2022年中国医药行业市场运营态势及发展前景预测报告》。

可以过度追求利润而定价过高。早在1995年Abbott(1995)就通过模型拟合验证了政府在公共事业上的宏观调控,特别是医药行业收效甚微,因为医药行业市场变化大,很容易受调控而提高新药上市的价格,即政府对药品的价格浮动加以限制,但是医药企业却提高出厂价格,这样就导致实际的政策在执行过程中并未达到应有的效果。

(7) 市场高度细分。人的身体是一个紧密的仪器,即使呈现的发病症状相同,也可能是不同原因造成的,这就需要对药品的高度细化,否则就可能出现疾病无法根治的问题。除此之外,对技术的要求也很细化。医药市场是一个精密化的市场,所以市场细化程度高。

4.1.2 生物医药产业的发展

4.1.2.1 生物医药产业的发展现状

全球生物医药市场规模也在快速发展,2004—2009年的市场规模分别为5 550亿、6 010亿、6 460亿、7 120亿、7 750亿、8 370亿美元,总规模在2010年达到8 780亿美元,平均市场增长率近8%,具体如图4-5所示。

全球主要生物医药产业国家有美国、欧洲各国、日本、中国和印度,其中美国的生物医药产业全球领先,与其他国家形成代际优势,研发

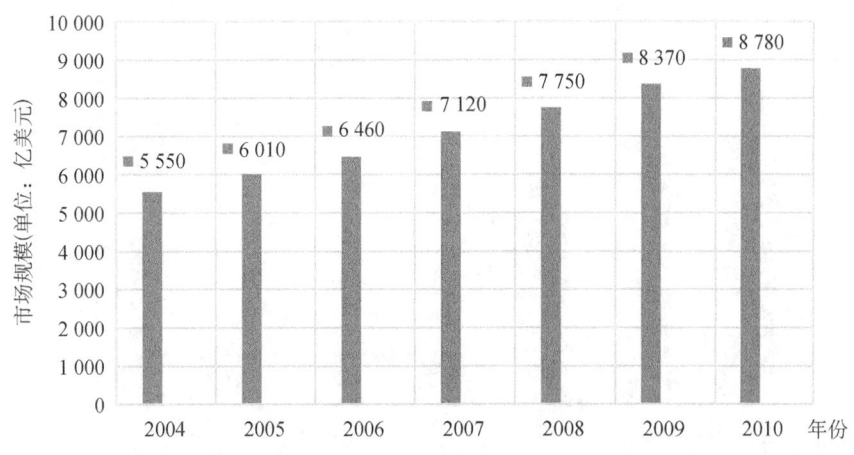

图 4-5　2004—2010 年全球生物医药市场规模

（数据来源：IMS Market Prognosis, 2011）

实力全球第一，其次是欧洲各国，具有代表性的是英国和德国。英国是仅次于美国的第二强国，德国是欧洲生物医药产业研发中心。日本生物医药产业次于欧美，领先于亚洲，印度的生物医药信息技术领先全球，中国的生物医药发展相对缓慢，以生产外包和服务外包为主。

根据《中国生物医药产业地理白皮书》的研究，我国生物医药产业已经形成了东部沿海集聚发展的总体分布格局，从各省的生物医药产值分布图可以看出，中国生物医药集群进一步凸显，已经初步形成了以长三角、环渤海为中心，珠三角、东北等地区快速发展的态势。从产业规模、创新能力、人力资源和国际交流四个方面来看，环渤海区域在人力资源方面优势明显，长三角地区在产业规模、创新能力和国际交流方面领先，尤其是创新能力和国际交流，具体如图 4-6 所示。

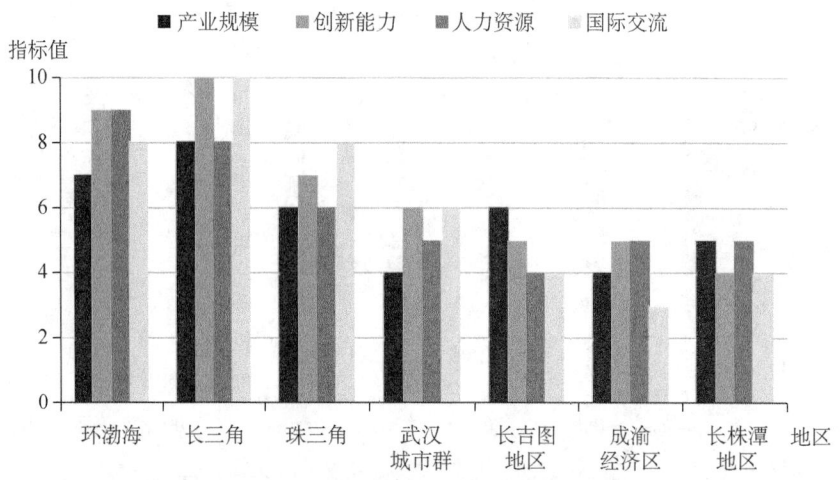

图 4-6 中国主要区域生物医药关键要素评价结果①

长三角地区优势比较明显的是江浙沪三地,其中上海各方面发展最完善,具有成熟的生物医药创新体系和产业集群,包括集中的研发机构、强大的创新实力、突出的成果基地。除了上海,江苏省的苏州、南京和连云港的产业发展潜力也非常大。浙江省已经将生物医药列入大力培育的高新技术产业,在部分领域具有国际领先水平。

4.1.2.2 发展规模

1) 医疗环境

以医院为主导的我国医疗体系正在推行提高质量的重大改革

---

① 参见《中国生物医药产业地图白皮书(2011年)》。

计划。自2009年以来,我国医疗事业取得了重大进展,但出现了国家的大型医院过度拥挤的问题,城乡之间以及个别省份之间的基础设施配置和人员配置也存在显著差异,如表4-1所示。

表4-1 我国2012—2014年的医疗保健设施概况　　　单位:个

指标	2012年	2013年	2014年	变化率
医院总数	23 170	24 709	25 860	4.7
——综合医院	15 021	15 887	16 524	4.0
——中医院	2 889	3 015	3 115	3.3
——专科医院	4 665	5 127	5 478	6.8
基础卫生机构	912 620	915 368	917 335	0.2
——社区保健中心	8 182	8 488	8 669	2.1
——社区卫生站	25 380	25 477	25 569	0.4
——区保健中心	610	593	595	0.3
——乡镇卫生院	37 097	37 015	36 902	−0.3
——门诊部门和诊所	187 932	195 176	200 130	2.5
——乡村诊所	653 419	648 619	645 470	−0.5
专业公共卫生机构*	12 083	31 155	35 029	12.4
其他	2 424	3 166	3 208	1.3
医疗保健机构总数	950 297	974 398	981 432	0.7

注:包括2013年计划生育技术服务机构。

资料来源:2015年中国卫生与计划生育统计年鉴。

国家医疗保健支出主要包括总医疗开支、政府开支、社会保健支出和个人医疗保健支出四个方面。从表4-2可以看出,政府支出虽然每年都有所增加,但占比一直稳定在30%左右,个人医疗支出稳中有降,社会保健支出稳健上升。

表4-2 2012—2014年国家医疗保健支出 单位:亿元

年份	总医疗开支	政府开支	社会保健支出	个人医疗支出
2012	2 812	843	1 004	966
2013	3 167	955	1 139	1 073
2014	3 531	1 058	1 344	1 130
变化率	11.5	10.8	17.9	5.3

数据来源:中国卫生与计划生育统计年鉴2015。

2) 医疗行业收入和利润增长情况

医疗行业收入和利润增长政策的制定与市场的发展紧密结合在一起,2006—2010年医保扩容带来了行业的快速增长,2011—2015年医疗器械的并购机会和医疗服务的扩张机会使得行业市场开始重新分配,这段时间利润和收入增长放缓,2016年医保控费初见成效,医疗行业的收入和利润又开始增长,具体如图4-7所示。

3) 生物医药企业情况

(1) 生物医药企业景气指数、投资规模及经营情况。

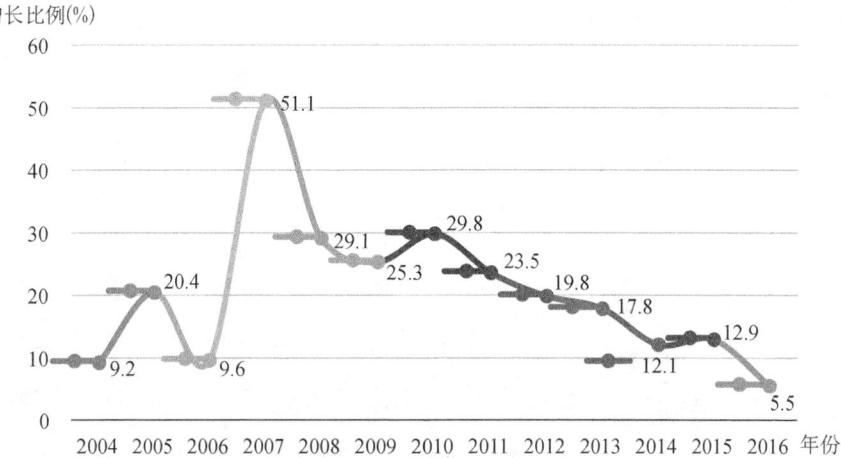

图 4-7　2004—2016 年医药行业利润的增长情况

数据来源：2017—2022 年中国医药行业市场运营态势及发展前景预测报告。

2008 年受全球金融危机的影响,医药行业景气指数有所下降,虽然在 2009 年、2010 年有所回升,但是到 2012 年才恢复到之前水平,2013 年年初达到最高点,之后又呈现逐步下跌的趋势,直到 2016 年第二个季度末才开始有所回升,这也得益于 2016 年医保控费初见成效,医疗行业的收入和利润又开始增长,企业景气指数开始回升,具体如图 4-8 所示。

从表 4-3 可以看出,我国生物医药行业企业总体在稳定发展,企业数量在不断增加,资产总数也在稳定增加,主营业务收入和利润总额也呈现上升趋势,2015 年上半年的利润总额已经超过同期,这和国家的政策法规、医药市场行业的总体行情密不可分。

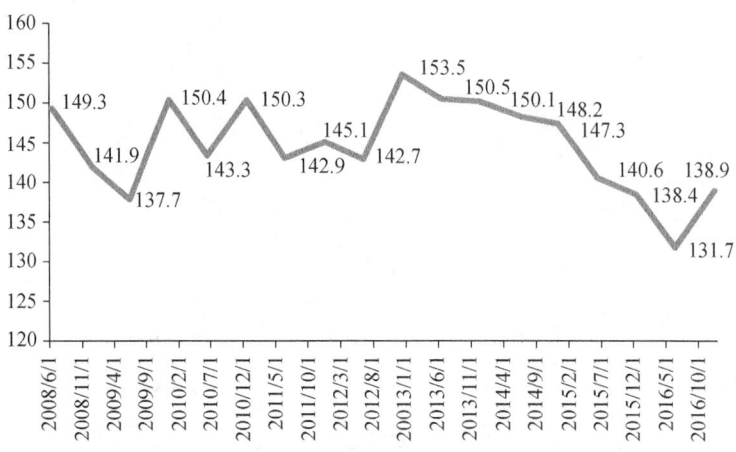

图 4-8　2008—2016 年医药企业景气指数

数据来源：国泰安数据库。

表 4-3　2012—2015 年中国生物医药行业投资规模现状

指标	2012 年 1～12 月	2013 年 1～12 月	2014 年 1～12 月	2015 年 1～6 月
企业单位数（个）	753	855	884	919
资产总计（千元）	184 807 436	243 577 657	284 819 392	308 484 589
主营业务收入（千元）	177 543 120	238 135 798	274 977 369	134 399 400
利润总额（千元）	23 012 770	28 240 729	32 184 354	17 631 551

数据来源：国家统计局。

从图 4-9 可以看出，在 2010—2016 年中国医药制造业经营效益统计中，规模以上企业总体变化不大，甚至在 2011 年减少了 1 364 家，但是资产总额基本上呈逐年上升趋势，利润总额也在不断增加，这和表 4-3 相似，说明规模以上企业在并购和兼并，总体变动不大，我国医药制造业市场相对来说已经成熟。

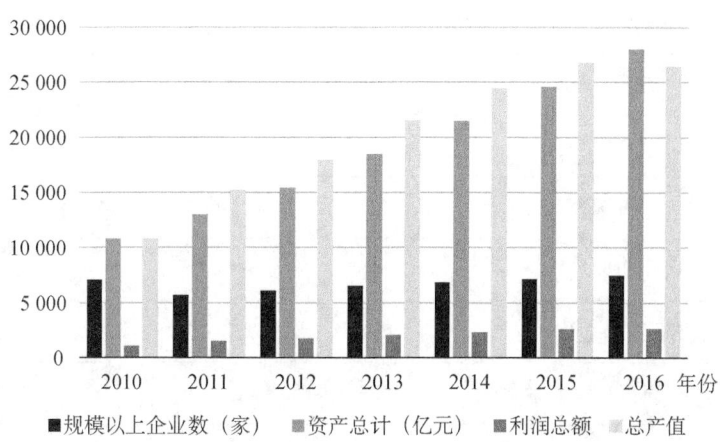

图4-9 2010—2016年生物医药企业经营情况①

（2）生物医药行业领先企业和主导产品概况。

从表4-4可以看出，生物医药行业前10企业分别是辉瑞、阿斯利康、山东齐鲁有限企业、科伦集团、江苏扬子江药业集团、赛诺菲、拜耳、诺华企业、江苏恒瑞和罗氏，其中辉瑞的市场份额最大，但10个企业的总市场份额相差不大。10个企业中，中国的企业有山东齐鲁有限企业、四川科伦集团、江苏扬子江药业集团和江苏恒瑞，这四个除了科伦集团外，其他三家的年增长率均在10%以上，增长潜力大。

---

① 数据来源：2017—2022年中国医药行业市场运营态势及发展前景预测报告。

表 4-4 生物医药领先企业(基于 2015 年第三季度数据)

企业名称	价值(百万美元)	市场份额	年增长率
辉瑞	10 668	2.3%	3.4%
阿斯利康	9 248	2%	10.3%
山东齐鲁有限企业	7 443	1.6%	12.3%
科伦集团	7 198	1.6%	3.6%
江苏扬子江药业集团	7 078	1.6%	10.7%
赛诺菲	7 035	1.5%	9.7%
拜耳	6 496	1.4%	2.7%
诺华企业	6 261	1.4%	9.3%
江苏恒瑞	6 091	1.3%	12.1%
罗氏	5 888	1.3%	−0.3%

数据来源:IMS Health 数据库。

生物医药企业的主导产品有 Shen Jie、血栓通、波立维、Bei Tong、立普妥、奥德金、丹参多酚酸、喜炎平、欧迪美和氯化钠,年增长率最高是 Shen Jie,其次是欧迪美和波立维,如表 4-5 所示。

表 4-5 生物医药主导产品(基于 2015 年第三季度)

产品	成分	价值(百万美元)	市场份额	年增长率
Shen Jie	神经节苷脂:Gm1	2 996	0.7%	14.3%
血栓通	人参	2 746	0.6%	7.1%

(续表)

产品	成分	价值(百万美元)	市场份额	年增长率
波立维	氯吡格雷	2 567	0.6%	10.6%
Bei Tong	传统中药	2 414	0.5%	8.5%
立普妥	阿托伐他汀	2 389	0.5%	9.2%
奥德金	血液	2 291	0.5%	−2.5%
丹参多酚酸	镁和丹参	2 207	0.5%	2.5%
喜炎平	穿心莲	2 000	0.4%	−3%
欧迪美	肌肽	1 893	0.4%	14%
氯化钠	钠	1 889	0.4%	−3.3%

资料来源:IMS Health 数据库。

4.1.2.3 发展前景

从图 4-6 可知,中国生物医药产业发展水平在英国、美国、日本、印度五个区域中最落后,以生产外包和服务外包为主,但是中国生物医药产业的发展引人注目。IMS Market Prognosis 预计 2015 年至 2020 年,中国医药市场复合年增长率(CAGR)增长 6.8%(±2.5%),到 2020 年达到 145 976 百万美元,具体如表 4-6 所示。

表 4-6　生物医药市场总销售额(2015—2020 年)*

单位:百万美元

年份	医院部门(>100 床位)	未经审核(CHC,小医院,零售部门县级)	总规模	年增长率	美元兑人民币汇率
2015	73 543	30 523	116 138	4.2%	6.23
2016	74 004	30 654	116 680	0.5%	6.63
2017	75 283	31 488	118 975	2%	6.92
2018	78 198	33 076	123 953	4.2%	7.1
2019	84 334	36 392	134 553	8.6%	7
2020	90 708	40 192	145 976	8.5%	6.89

数据来源:IMS Market Prognosis。

4.2　生物医药产学研合作创新网络形成的扎根理论分析

4.2.1　商业网络模型的介绍

本书引用了 Hakansson(1987)提出的 ARA 商业网络模型,具体如图 4-10 所示,再结合社会网络分析所涉及的行动者和社会网络关系,对生物医药产学研合作创新网络进行定义。从图 4-10 可以看出,商业网络包含了参与者(actor)、资源(resources)和活动

(activities)三要素。如果想对一个网络进行研究,首先需要对网络进行界定,其次需要界定参与者(或者行动者)、资源及活动(社会关系)。此处的资源和活动都可以用关系来统称,它们与参与者之间具有密不可分的关系。参与者之间、资源和活动都存在关系,为了方便度量,此处均称为关系。由此一个网络的参与者和关系得到了界定,这个网络边界也就有了清晰定义。

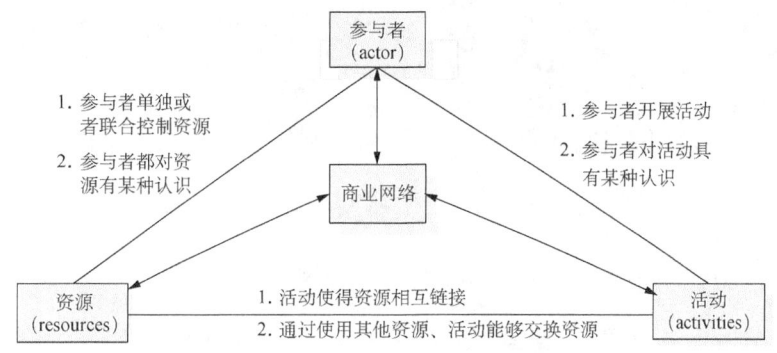

图4-10　ARA商业网络模型(张伟,2016)

通常创新网络的参与者涵盖了企业、高校、科研机构、中介服务、政府等,但是合作创新网络的核心网络主要包括企业、高校和科研机构;政府、中介服务等是合作创新网络的边缘网络,亦可以称为相关网络。本书主要研究核心网络,即网络的主体是企业、高校和科研机构,通常也称为产学研合作创新网络。

现有关于产学研合作创新网络的研究中,大部分都是用专利进行度量:首先,相对于其他类型数据,我国专利数据公开且比较规范,可以直接检索获取创新数据,用专利作为网络关系建立网络操作性更强,规范性和严谨性也有保障,而且专利所包含的信息量很大,在技术创新和创新网络的研究方面发挥着举足轻重的作用(杨冠灿,2013)。其次,生物医药企业的核心竞争力及特征与专利紧密挂钩,各生物医药企业都积极从事研发创新活动,专利是其研发创新能力和绩效主要的衡量指标。拥有了新专利在某种程度上就意味着该类市场的垄断(朱修篁等,2015)。最后,国家政策大力推进生物医药研发创新,将研发创新作为技术创新主要驱动因素(傅俊英、赵蕴华,2012)。专利可以分为发明专利、实用新型专利和外观专利等。专利因企业创新而产生,分类清晰、口径一致、数据翔实,国际通常使用发明和实用新型专利作为合作创新的重要指标。

所以本书研究的生物医药产学研合作创新网络是指以生物医药行业的企业、高校和科研机构为主体,以合作申请专利(发明专利和实用新型专利)为关系建立的产学研合作创新网络。

4.2.2 研究设计

4.2.2.1 方法选择

通过上文对合作创新网络及生物医药产学研合作创新网络的现有研究进行梳理可以发现,关于合作创新网络形成的研究时间不短,研究成果也很多,但是并没有形成统一的形成机制。行业、企业等环境

4 生物医药产学研合作创新网络形成研究

的限制导致现实中合作创新网络的形成呈现出纷繁复杂的特征,这虽然对合作创新网络的形成研究做出了很大贡献,但是在某种程度上也不利于合作创新网络形成的深入研究。生物医药产业的合作创新网络特征十分明显,但是针对该网络形成的研究更是少之又少,这和该行业的行业特征相关。生物医药行业的高技术、长周期、高风险、高壁垒等特征促使纯量化研究存在一定的难度,大部分对生物医药产学研合作创新网络的形成研究会受到量化的局限,促使研究的内容相对狭隘。

为了解决这一难题,打开生物医药产学研合作创新网络形成机制过程这一"黑箱",本书将使用扎根理论研究方法,具体原因有以下三点:①现有研究对合作创新网络形成所涉及的变量不够完善,变量间的关系也不清晰,量化的方法已经不能解决这一问题,通过内容分析法等还需要对合作创新网络的内涵和外延界定清楚,但是合作创新网络到现在还没有统一的概念,每个学者都在自己研究的基础上对其进行定义,所以扎根理论更适合本研究。②生物医药产业作为高新技术产业之一,行业特征数据的保密性较强,所获取的数据有限,能获取的也是全国或者区域数据,而且能获取的资料多是定性资料。③扎根理论经过多年的发展已经日益完善,在多个领域得到了广泛应用,而且在定性资料研究方面也能够保证信效度。

量化实证研究和扎根理论的研究过程恰恰相反,具体如图4-11所示,量化实证研究提出自上而下,首先在现有研究的基础上提出假设,其次根据假设选取变量,构建理论模型,最后通过量化变量的实证研究来证明假设成立与否。但是生物医药行业合作创新网络的形成缺乏一个公认的假设前提,所以需要使用扎根理论的研究方法。首先对研究问题进行界定;其次搜集各种资料,包括文本、图片、音频等进行数据分析和编码,这是一个反复过程,需要不断地分析和提炼;最后将所得到的概念和范畴与现有的概念和范畴进行比较,进而提出新的概念和范畴,直到出现理论饱和。

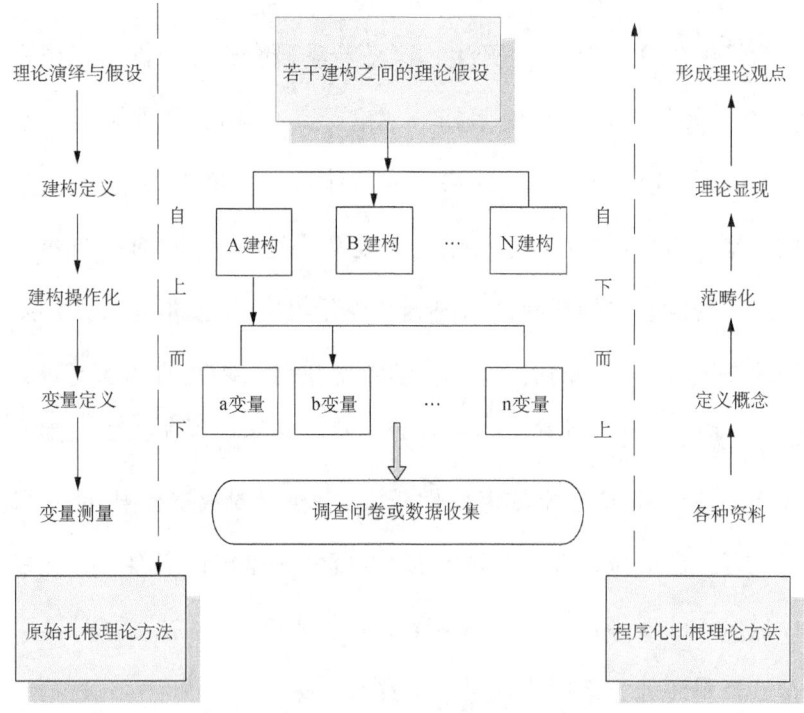

图 4-11 原始扎根理论方法和程序化扎根理论方法区别(陈文基,2012)

扎根理论发展到现在,至少出现了三个理论学派,分别是格莱瑟(Glaser)和施特劳斯(Strauss)在 1967 年发表的《扎根理论之发现:质化研究的策略》(*The Discovery of Grounded Theory*)一文中提出的扎根理论原始版本;施特劳斯(Strauss)和柯宾(Corbin)在 1990 年出版的《质性研究的基础:形成扎根理论的程序与方法》(*Basics of qualitative research: grounded theory procedures and techniques*)一书中提出的程序化扎根理论方法;卡麦兹(Charmaz)在 2006 年发表的《建构扎根理论:质性研究实践指南》(*Constructing Grounded Theory: A Practical Guide Through Qualitative Analysis*)中提出的构建型扎根理论。

现有研究较多使用原始扎根理论研究方法和程序化扎根理论方法。虽然两者有差别,而且程序化扎根理论方法的出版导致了格莱瑟和施特劳斯的长期争论,但是两者的差异主要在于对质化资料编码的不同。原始版本的扎根理论认为,编码包括实质性编码和理论性编码,而程序化扎根理论认为,编码包括开放性编码、主轴编码和选择性编码三步,而且在主轴编码过程中按照因果条件、现象、脉络、中介条件、行动/互动策略及结果进行编码,并最终形成模型。本书拟研究生物医药产学研合作创新网络的形成,正是对网络的形成条件、脉络、行动和结果进行研究,所以本书使用施特劳斯(Strauss)和柯宾(Corbin)的程序化扎根理论对生物医药产学研合作创新网络的形成进行研究,具体如图 4-12 所示。

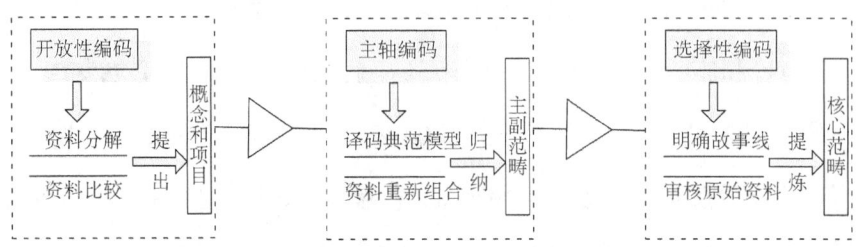

图 4-12　程序化扎根理论的编码的步骤(党兴华,2016)

4.2.2.2　数据收集

根据赛迪顾问股份有限企业在 2011 年发布的《战略新兴产业系列研究之六——中国生物医药产业地理白皮书》,我国已批准设立国家级生物医药基地的省市达 21 个,其主要分布在环渤海和长三角地区,分别占总生物医药基地的 53% 和 35%,共 15 个。鉴于生物医药产学研合作创新网络区域特征及资料的难获取性,本书主要采用二手资料的方式来进行扎根理论研究,所搜集关于生物医药行业合作创新网络的二手资料主要来自三种途径:①专著及行业研究报告,如《中美生物医药创新网络演化的理论与实践》《战略新兴产业系列研究之六——中国生物医药产业地理白皮书》等。②搜索引擎及网站,如百度、谷歌等搜索引擎,中国产业信息网、中国生物技术信息网、国家食品药品监督管理局等网站。③中外生物医药产学研合作创新网络形成相关文献。通过关键词检索,总共搜集期刊和硕博论文共 95 篇。

在这三种途径的资料搜索下,获取相关的文本、图片和音频等信息,通过NVivo进行信息的处理:首先,这是一个反复的过程,资料搜集、分析和编码,然后提炼出概念和范畴,再在新资料基础上进行不断地完善和发展;其次,每次通过备忘录的形式对理论模型构建和修改进行详细的记录;最后,为了规避自我认知的盲区,在编码过程中会经过反复提炼并咨询相关研究者的意见,从而保证编码的质量。

4.2.3 扎根理论分析

在完成数据搜集工作以后,本书根据施特劳斯和柯宾的程序化扎根理论的研究范式,对已有的资料进行开放性编码(open coding)、主轴编码(axial coding)、选择性编码(selective coding),经过三次编码再通过理论饱和度检验对已有模型构建过程进行检验。

4.2.3.1 开放性编码

开放性编码的过程就是将已搜集的资料进行分解和分析,根据不同的资料所反映出来的现象和内容,进行反复比较,最终将这些内容贴上标签,进行概念化和范畴化。这是程序化扎根理论的第一步,也是很重要的一步,需要从已有的资料中找出与研究目的、研究问题相关的概念和范畴,这是一个反复的分析和提炼过程:首先通过已有的资料提炼出概念化和范畴化的内容,然后根据此内容再去理论采样,寻找相关的资料,进一步提炼和升华,最终得到研究所需的主要范畴,具体过程如图4-13所示。

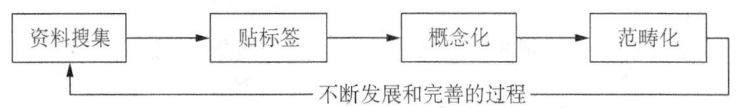

图4-13 开放性编码过程

本书根据研究目的,利用NVivo11软件对生物医药产学研合作创新网络的形成进行开放性编码:第一步是贴标签,通过提炼资料中与生物医药产学研合作创新网络形成相关的信息,主要选取文章中与研究目的相关的段落和图表进行编码,在编码过程中反复比较分析,再寻找新的资料,从而提炼出初步的节点;第二步是将第一步提炼出来的节点进行"概念化"操作,主要是建立树状节点,将自有节点之间的关系进行梳理,共形成34个概念;第三步是"范畴化"操作,在第二步的基础上,进一步搜集相关资料进行分析和提炼,最终在已有概念化后的树状节点基础上再建立树状节点,使得现状树状节点成为新成立树状节点的二级节点,共形成了11个范畴。表4-7对开放性编码过程进行了举例分析。

表4-7 开放性编码的范畴形成举例

资料举例	概念化	范畴化
网络中的参与者会优先选择和成熟行业中的企业连接,如此促进网络不断发展扩大	择优连接	联结机制
处于同一个区域内的个体会在该区域内加快相互之间的联系和合作,尤其是处于该行业上游或下游及其同类的个体之间知识的产生和扩散会更快	近邻机制	
一般而言,企业易于同关系较好的企业合作,这样构建的合作网络会呈现出小世界特性,而且会有社团的不断涌现	关系机制	
通过对在线联系邀请的重要性进行研究,发现教育程度是一个很重要的指标,教育程度的相似和相近是重要的考量指标,而且较相似的教育程度成功率也会较高,尤其是女性	趋同性	
生物医药产业的发展得益于政府政策扶持,国家在近些年出台了很多相关政策,支持生物医药的发展	政治环境	网络环境
我国总体经济形势良好,近些年国民经济发展稳定,持续增长。基于此,随着经济危机的影响越来越小,全球生物医药市场规模开始不断扩张,我国和全球市场相比规模较小,但是发展快速,近5年增速达到25%左右	经济环境	
近些年,随着经济水平的提高,大家越来越重视个人健康;同时我国人口结构的变化,老龄化越来越严重,大健康和医疗愈加得到重视	社会环境	

(续表)

资料举例	概念化	范畴化
抗肿瘤药物占据药品市场主要份额。细胞免疫治疗作为治疗肿瘤的最新技术,市场空间巨大,业内人士预计,我国的细胞免疫治疗市场空间超过1 000亿元	技术环境	网络环境
随着改革开放不断深入,我国产业结构发生了巨大变化,第一产业和第二产业逐渐缩水,第三产业不断发展并在一些城市开始占据主导地位。生物医药产业仍发挥着巨大作用,同时研发的重要性日益提升	市场结构	
近些年越来越多的企业开始不断扩张,企业并购尤其是大型医药企业之间的并购越来越多。通过并购,企业希望可以降低风险,增加相互之间的合作共赢	企业行为	
医药行业的发展一向比较稳定而持续,和其他行业相比,医疗服务的发展更是喜人。在过去三年中,其在营业利润和净利润方面的卓越表现为整体生物医药产业的发展注入了活力	经营绩效	
产学研合作创新网络参与者的共同目的是协同发展,为创新、知识传递、研发应用不断努力,最终形成自身的核心竞争力,保持发展优势	企业、高校、科研机构、政府、金融机构、中介机构	核心网络主体
具有创新行为的机构包括企业、高校和科研机构		
在产学研合作创新网络的参与者中,不同参与者扮演的角色有所不同。企业侧重领导和支撑;高校和科研机构则侧重知识的产生和传播		

(续表)

资料举例	概念化	范畴化
创新网络是指区域内各种参与者所参与的与创新相关的正式和非正式关系所形成的网络,一般有企业、高校、科研机构、中介机构、金融机构和政府机构等	企业、高校、科研机构、政府、金融机构、中介机构	相关网络主体
创新网络一般表现为企业与其他企业、科研机构、高校、金融机构、政府部门和中介机构等外部组织之间的交往关系集合		
中介机构主要为产学研合作创新网络提供服务,为了更有效地促进创新的产生和扩散,以桥梁的形式存在,具有不可或缺性,主要起辅助作用		
知识的来源不仅仅来自企业内部,还有企业外部。外部知识主要通过合作创新网络产生,但是该知识需要梳理、整合和提炼才可以使用,融入企业自身知识系统中,成为企业的内部资源	创新知识管理	创新管理
网络联系、技术要素集成创造,会形成一个大的技术共同体	创新技术管理	
企业重要信息网络单元漏洞很多,风险极大,这需要引起业界的高度重视	创新信息管理	
2016年12月26日,中铝企业与北京科技大学在中铝中央研究院签署技术创新合作协议。根据协议,双方将围绕中铝企业技术创新发展需要,为加快创新成果的市场化、推动技术进步、促进生产力提高做出自己的贡献	技术协议管理	协议管理
产学研合作创新网络参与者之间不断沟通和相互合作加强了参与者之间联系,加快了创新的出现,创新网络中相关协议包括了技术协议和资金协议等	资金协议管理	

(续表)

资料举例	概念化	范畴化
信用的存在可以降低交易成本,加快交易速度及知识的流通和提高信息的贡献,网络发展在促使信用产生同时也会推动网络的完善	信用协议管理	协议管理
创新网络协同创新发展的资源要素涵盖了技术要素,如研发专利、研发成果及研发成果的市场化、创新能力等。技术要素是产学研合作创新网络发展的关键	技术要素平台	结构平台
企业技术创新活动的非技术要素交流使得技术创新网络的结构实现网状联接	非技术要素平台	
技术创新的关键是人才,人才是竞争的核心,对于产学研合作创新而言更是如此,其所需要的人才不仅仅包括参与者中所涉及的科研人员,还包括间接参与者。这些直接和间接参与者共同努力,促进了创新行为的产生和发展	人力资源平台	学习平台
有效地对网络资源进行利用,可以更好地促进网络发展,其中对金融资源的良好利用可以为企业节约人力、财力、物力	金融资源平台	
企业、高校和科研机构三类直接参与者会对网络内部知识的产生和流动发挥重要作用,通过对知识系统化操作有利于创新知识的扩散和应用,同时知识利用的有效性与网络创新能力有直接关系	知识资源平台	
专门从事研发的参与者,如高校和科研机构,会将自己的科研成果转让给合作企业,并帮助企业实现技术产品化,从而获得相应转让费和报酬	工程承包型	技术协作模式
参与者之间共同对一个科研项目负责,共同承担风险,共同投资(涵盖人和物的投入),共同参与经营过程,最终获取收益后按照约定分配收益	联合开发型	

(续表)

资料举例	概念化	范畴化
科研机构以技术入股的形式和企业合作,后续分享收益	技术入股型	契约型合作模式
高等院校、科研机构和企业通过组建股份制企业实现联合经营,按照合同实现经营、风险和收益等分摊	联合经营型	
高等院校、科研机构是企业的创办者,也是企业的经营者	内部一体化	一体化模式
科研机构直接进入企业参与研发,成为企业的一部分,失去自己的独立性	外部一体化	

资料来源:作者自制整理。

4.2.3.2 主轴编码

主轴编码是对已经通过开放性编码建立的范畴之间的关系进行梳理,并通过资料中所展现出来的关系建立范畴间的联系。施特劳斯和柯宾的程序化扎根理论方法对主轴编码过程进行了规范,具体按照因果条件、现象、脉络、中介条件、行动/互动策略及结果进行编码,将所得范畴之间的联系建立起来,如图4-14所示。

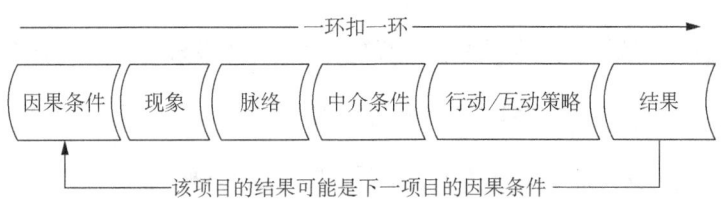

图4-14 主轴编码过程

其中因果条件是指某一现象发生的具体场景和情景;现象是指在这一条件下,所体现出来的形式和内容;脉络是指在现有因果条件下的一种趋势;中介条件是指除了因果条件以外对该现象发生起到中介作用的条件;行动/互动策略是指在已有的因果条件、中介条件和脉络下企业或者行动者所采取的措施和谋略;结果是指在前者的共同作用下最终呈现出来的成果。这是一个不断发展的过程,上一项的主轴编码过程形成的结果可能是下一项主轴编码过程的因果条件。

本书按照"因果条件—现象—脉络—中介条件—行动/互动策略—结果"的主轴编码过程对生物医药产学研合作创新网络进行编码,具体如图 4-15 所示。

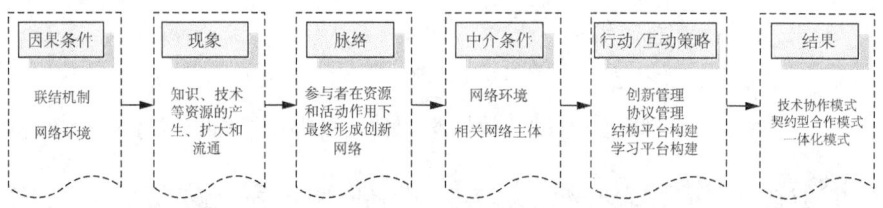

图 4-15　生物医药企业合作创新的主轴编码过程

4.2.3.3　选择性编码

选择性编码是将主轴编码所确定的主要范畴,通过描述现象所呈现的"故事线",归类确定出核心范畴,再结合新资料收集和理论发展整合核心范畴和其他范畴之间的关系,最终构建出一个系统的理论框架。

(1)"故事线"。为了能够将整理好的资料通过主要范畴串联起来,需要在一条主线基础上进行连接,然后将主线上的核心内容进行概念化和范畴化,形成核心范畴。本书的"故事线"是生物医药产学研合作创新网络的参与者,在现有的联结机制和网络环境下,对资源和活动进行创新管理与平台构建,促进创新网络能力提升并最终形成合作创新网络。

(2)核心范畴的形成。在"故事线"的作用下,本研究共抽象出五个核心范畴,分别是创新网络驱动、创新网络主体、创新活动、创新资源和创新网络模式。创新网络驱动涵盖了内部驱动和外部驱动。内部驱动从网络自身的联结机制展开;外部驱动从企业所面临的外部环境,即宏观环境和行业环境着手进行分析。创新网络主体从核心网络主体及相关网络主体出发,概括得到。创新活动和资源包括技术、信息、协议、资金、金融等活动和资源。创新网络模式是对已有的模型进行总结得出,主要包括以企业为中心的创新网络和以高校为中心的创新网络两种。

(3)联结核心范畴和其他范畴。该联结基于主轴编码的整理过程和资料形成的主线进行,通过该过程整理出本研究的核心范畴和其他范畴之间的关系。通过故事线得到了五大核心范畴,五大核心范畴和其他范畴之间存在内在的联系,最终促成了整个理论的形成。所以在"故事线"的基础上,基于上述分析可以构建一个核心范畴和其他范畴之间的内在逻辑关系,具体如图4-16所示。

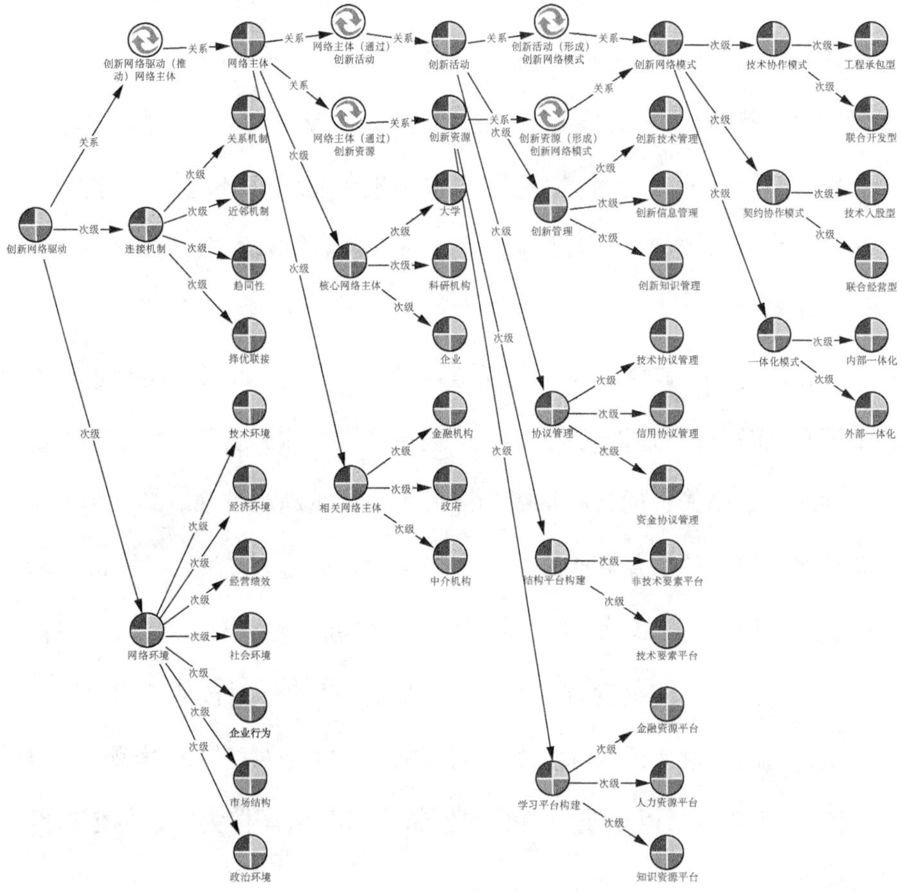

图 4-16 核心范畴和其他范畴间的逻辑关系

4.2.3.4 理论饱和度检验

上面的过程直到新搜集的资料和数据不再产生新的见解、概念和范畴的时候,便通过了理论饱和度检验。本书对 82 篇文献以外的其他 13 篇文献进行了扎根理论的编码过程及概念的提炼和范畴化,并未发现新的自有节点或者树状,这说明该理论框架已经比较完善,通过了理论饱和度检验。

4.3 模型的构建及案例验证

在4.2.1节中基于社会网络分析和ARA商业网络模型对本书所研究的生物医药产学研合作创新网络进行了界定,即指以生物医药行业的企业、高校和科研机构为主体,以合作申请专利为关系所建立起来的合作创新网络。本书在4.2.2中对研究方法进行了简单的介绍,说明了扎根理论对合作创新网络形成研究的适用性,并在4.2.3节中进行了具体的扎根理论分析。接下来本书将依照"参与者(actor)—资源(resource)—活动(activities)"的商业网络模型,基于扎根理论对生物医药产学研合作创新网络的参与者、活动和资源进行分析,构建生物医药产学研合作创新网络形成模型,并以上海张江为例进行案例分析和模型验证。

4.3.1 网络形成模型构建

4.3.1.1 生物医药产学研合作创新网络参与者分析

生物医药产学研合作创新网络的创新参与者主要包括企业、高校、科研机构、政府、金融机构和中介机构。我国前三大生物医药产学研合作创新网络集聚区域的创新主体主要涵盖了这六项。合作创新网络有广义和狭义之分,本书从狭义的角度对合作创新网络进行研究,侧重研究产学研合作创新网络,对创新主体进行了划分,分为核心网络主体和相关网络主体。核心网络主体包括高校、企业和科研机构。相关网络主体包括政府、金融机构和中介机构。具体如图4-17所示。

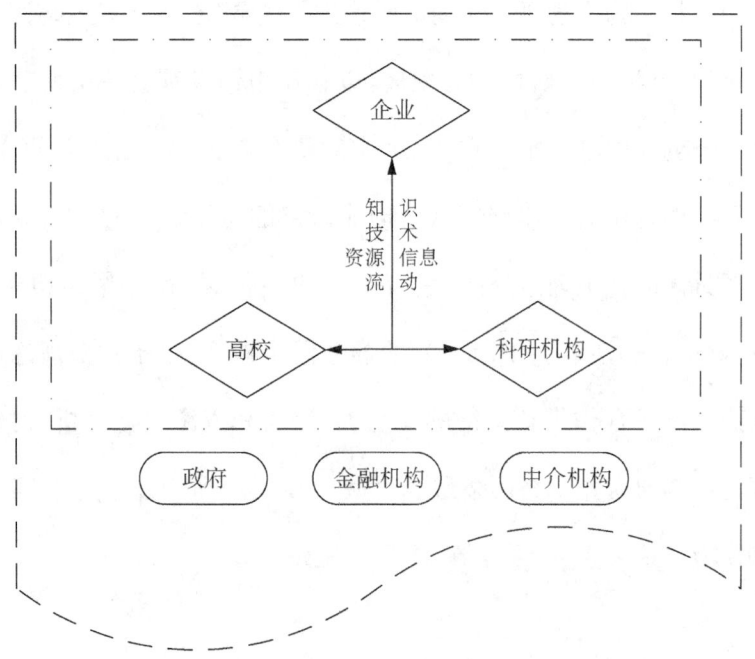

图4-17 生物医药产学研合作创新网络主体分析

核心主体为合作创新网络提供产学研核心研究,相关网络对合作创新网络提供政策意见、资金支持和中介服务。但是核心网络和相关网络之间的关系是模糊的,即两个网络之间不完全独立。知识、技术、资源和信息在两个层次的网络主体之间相互流通,相互渗透,而且相关网络之外的其他主体,可以在知识、技术、资源和信息的交流过程中考虑加入网络,现有网络中主体也可以在合作过程中考虑退出。

4.3.1.2 生物医药产学研合作创新网络的活动分析

生物医药产学研合作创新网络活动的主要目的是促进知识、信息、技术和资源的产生。基于扎根理论研究,本书可以从创新管理和协议管理两个方面展开,具体如图4-18所示。

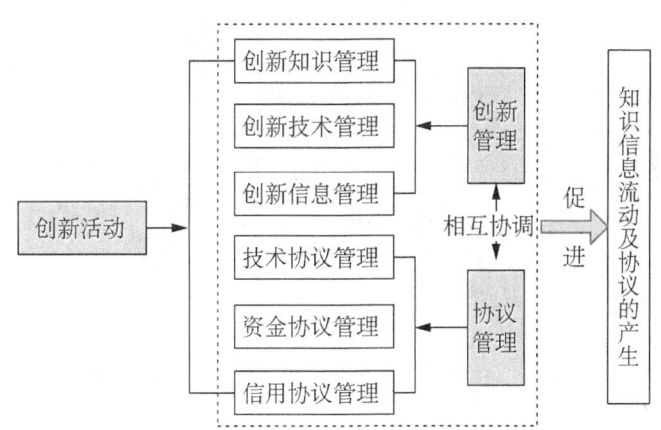

图4-18 生物医药产学研合作创新网络的活动分析

创新管理侧重对创新知识、创新技术和创新信息的管理;协议管理涉及生物医药知识产权保护相关的协议,包括技术协议、资金协议和信用协议,从而为合作创新网络知识、技术、信息和资源的产生提供支持。

4.3.1.3 生物医药产学研合作创新网络的资源分析

生物医药产学研合作创新网络的资源可以分为技术要素和非技术要素两个方面。技术要素和非技术要素决定了结构平台的广度,学习平台决定了结构平台的深度,并能对已产生的资源进行共享和创造,具体如图 4-19 所示。

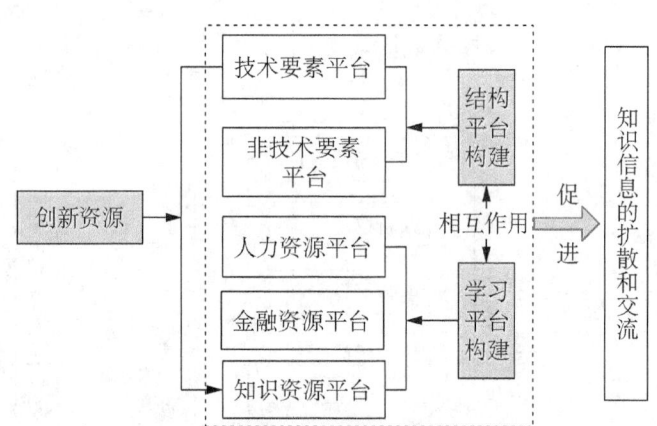

图 4-19　生物医药产学研合作创新网络的资源分析

企业通过结构平台整合拥有自身所欠缺资源的主体,从事创新活动,所以结构平台促进创新网络的网状连接。学习平台构建目的是在结构平台整合的基础上组织合作创新网络主体之间技术和非技术要素的学习，主要包括人力资源、金融资源和知识资源的学习。在与结构平台的相互作用下，通过资源的学习和创造促进知识、技术、信息等资源的扩散和交流，最终形成网络创新能力，促进生物医药产学研合作创新网络的形成和发展。

4.3.1.4　理论模型的构建

结合 4.2.2 中关于扎根理论的分析以及 4.2.3 中核心范畴内部关联性的梳理，再结合图 4-17 核心范畴和其他范畴间的逻辑关系，进一步研究构建了生物医药产学研合作创新网络形成过程模型，具体如图 4-20 所示。

从图 4-20 可以看出，生物医药产学研合作创新网络可以分为创新网络驱动、创新网络主体、创新网络活动和创新网络资源、创新网络模式四个部分。

创新网络的驱动可以分为内部驱动和外部驱动。内部驱动主要是网络参与者之间构建网络关系的联结机制，包括择优联结机制、邻近联结机制、关系机制和趋同性机制四部分。外部驱动主要是相关网络边界外的环境，包括了宏观环境和行业环境，涵盖了七个方面，分别是政治环境、经济环境、社会环境、技术环境、市场结构、企业行为和经营绩效。

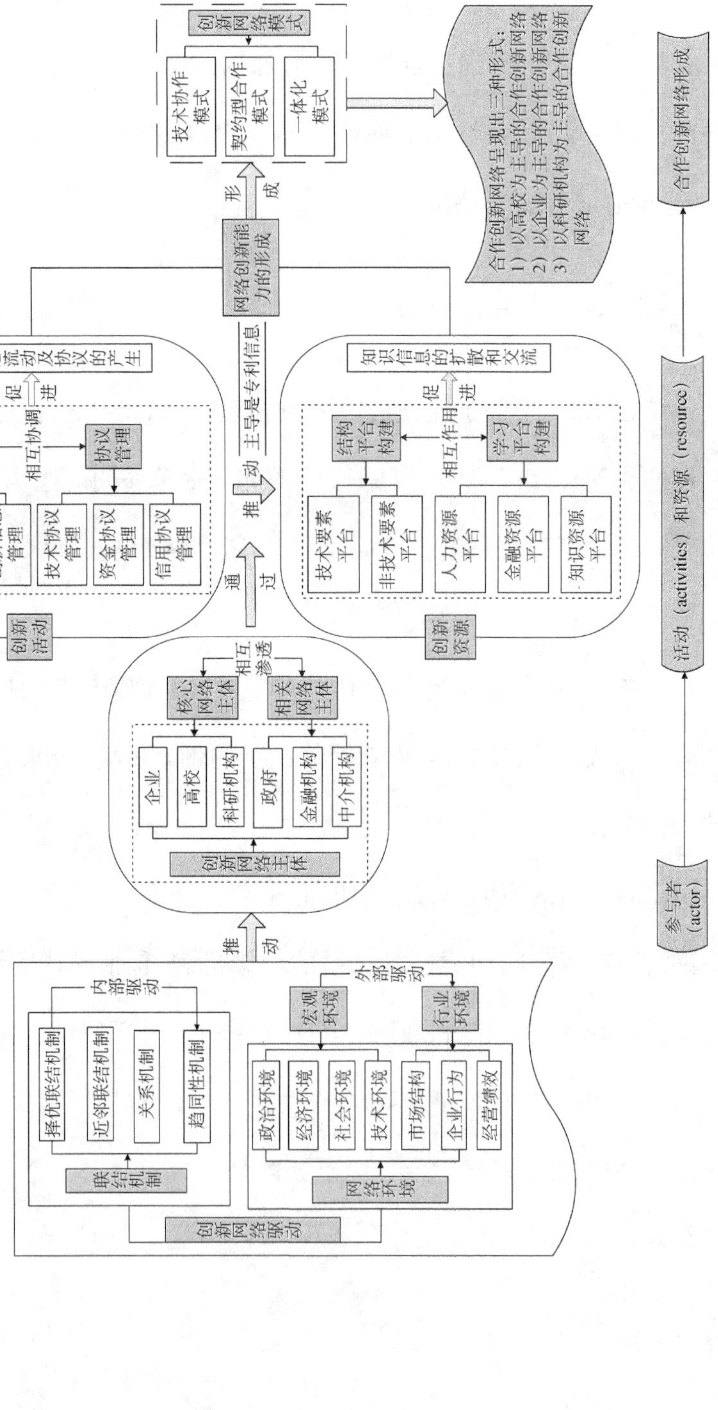

图 4-20 生物医药产学研合作创新网络的形成过程

创新网络主体包括了企业、高校、科研机构、政府、金融机构和中介机构，这是生物医药产学研合作创新网络的核心网络主体和相关网络主体，六者之间会相互联系构建网络。

创新网络活动和创新网络资源是由创新网络主体之间构建网络的关系联结。创新活动包含了由创新知识管理、创新技术管理和创新信息管理三者构成的创新管理，由技术协议、资金协议和信用协议构成的协议管理。创新管理和协议管理之间相互协调促进知识信息的流动及协议的产生。创新资源包含了由技术要素平台和非技术要素平台组成的结构平台构建，由人力资源、金融资源和知识资源组成的学习平台的构建，结构平台和学习平台的构建促进了知识信息的交流和扩散。

创新网络模式主要包括技术协作模式、契约型合作模式及一体化模式。三种模式最终又呈现以高校为主导的产学研合作创新网络和以企业为主导的产学研合作创新网络。

最终创新网络推动了创新主体通过创新资源和创新活动形成创新能力，进而产生了生物医药产学研合作创新网络，在此过程中专利信息在创新资源和创新活动中起到了巨大的作用。这就是生物医药产学研合作创新网络的形成过程。

接下来本书将以上海张江为例进行案例研究，对研究得出的模型进行验证和修正。

4.3.2 张江生物医药产业现状

4.3.2.1 张江生物医药产业发展

20世纪90年代至今,张江生物医药产业发展已30余年,这些年张江生物医药产业已先后获得国家生物产业基地、国家医药出口创新基地、国家科技兴贸创新基地等十多项认定,基本形成了从新药研发、药物筛选、药力评估、临床研究、中试放大、注册认证到量产上市的完整创新链。目前,张江已成为国内生物医药领域中研发机构最集中、创新活力最强、创新成果最突出的标志性区域之一。

从图4-21可以看出,张江生物医药的产值呈现逐年递增趋势,五年时间里发展迅速,从2011年的235亿元到2015年的484.7亿元,翻

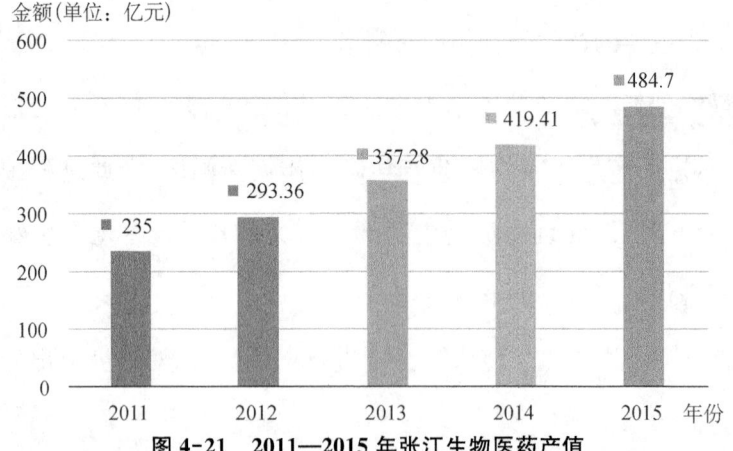

图4-21 2011—2015年张江生物医药产值

数据来源:浦东年报。

了一番。其中占比最大的是生物和化学业务,其次分别是医疗器械、中药和诊断试剂。总体发展态势良好。

张江生物医药之所以发展如此快速,主要得益于三个方面:首先,张江生物医药企业研发以欧美为目标,科研活力强,创新能力高,在国际的影响力也在不断扩大。其次,张江通过"产业群体、研究开发、孵化创新、教育培训、专业服务、风险投资"六个模块组建创新创业环境,并进一步发展"人才培养—科学研究—技术开发—中试孵化—规模生产—营销物流"的现代生物医药创新体系,完善平台建设和孵化系统。最后,张江已经形成了明显的人才集聚优势,一批学科带头人和行业领军人才为生物医药的发展提供了优良的人才支持和保障,提高了产业的竞争力。

4.3.2.2 张江的生物医药产业发展阶段总结

从图4-22可以看出,张江生物医药产业的发展主要可以分为三个阶段,第一阶段是以生物医药发展平台建立为主的研发初级阶段(1998年以前);第二阶段是以自主创新为主的研发强化阶段(1998—2008年);第三阶段是以全球化为主的多元化发展阶段(2009年至今)。

1) 以生物医药发展平台建立为主的研发初级阶段(1998年以前)

从1994年上海罗氏制药有限公司进驻开始,张江生物医药产业就拉开它的发展序幕。1996年提出生物医药产业将作为张江的支柱产业之一,并成立了国家上海生物医药科技产业基地。1998年上海新药

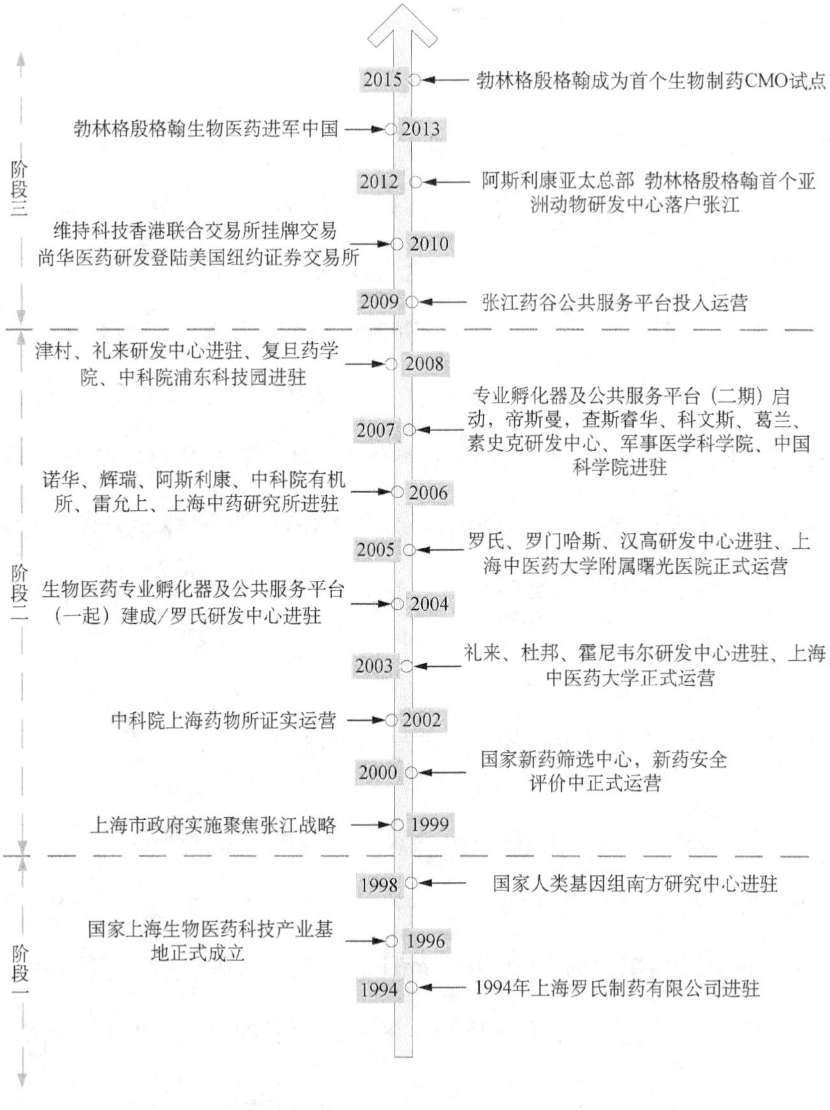

图 4-22　张江生物医药发展历程(杨知歌,2014)①

---

①　杨知歌.张江生物医药产业集群创新网络结构研究[D].华东师范大学,2014.

研发中心和国家人类基因组南方研究中心进驻张江,同时先后引进了12个生物医疗项目,张江药谷初始形态形成。

2) 以自主创新为主的研发强化阶段(1998—2008 年)

该阶段又可以划分为两个小阶段,首先是 1998 到 2002 年张江生物医药基地先后引进了几十家生物医药研究机构,如国家生物芯片工程研究中心、国家新药筛选中心等。其次是 2003—2008 年在引进几十家科研机构增强生物医药研发能力的同时,开始引入全球排名靠前的生物医药企业。从图 4-23 可以看出,从 2003 年的杜邦、霍尼韦尔开始,先后将陶氏、罗门哈斯、诺华、辉瑞和科文斯等全球排名前 12 的制药企业吸引到园区里来建立研发中心。由此张江生物医药产业的自主创新能力不断提高,出现了中国国建、复旦张江和艾力斯医药等一批自主创新企业。

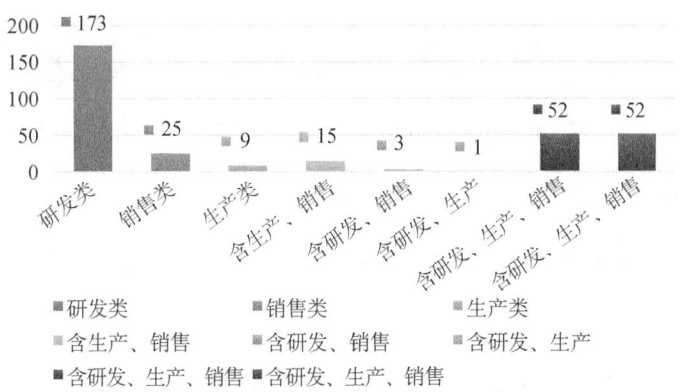

图 4-23 2008 年张江生物医药产学研合作创新网络参与者概况

数据来源:上海张江高科技园区生物医药行业发展报告。

3) 以全球化为主的多元化发展阶段(2009年至今)

从2009年开始张江药谷公共服务平台投入运营,张江生物医药开始进入多元化发展阶段。2010年一批明星企业开始挂牌上市,如微创科技和尚华医药。2012年首个动物研发中心落户张江。2013年勃林格殷格翰生物制药业务也开始进入中国,张江药谷在国际舞台上开始展现自己的能力。

4.3.3 张江生物医药产学研合作创新网络的案例验证

接下来应用生物医药产学研合作创新网络形成模型对张江生物医药产学研合作创新网络的形成进行案例验证。

4.3.3.1 张江生物医药产学研合作创新网络参与者

张江生物医药产学研合作创新网络参与者主要是生物医药企业、高校、科研机构、政府、金融机构和中介机构。生物医药企业主要包括了制药企业和生物技术创新企业,制药企业虽然是终端生产者,但是同时也从事着研发活动,除了自主研发,更多的是从事合作研发。

2008年张江生物医药企业就已经达到294家,其中研发企业的占比最高,达到173家,生产类的有9家,销售类的15家,兼顾研发和生产的企业有11家,生产和销售兼顾的有15家,研发与销售同时进行的有3家,其中兼有研发、生产、销售的企业共52家。按照主营业务划分,从事生物的企业最多,达到104家,其中化学74家、医疗器械45家、中药30家、诊断试剂9家,其他30家,从事生物和化学业务的企业占比约61%。

本部分通过对张江生物医药产业园的调研发现,现有的主导企业在原有基础上进一步扩展和发展。从图4-23可以看出,张江生物医药发展的过程中对研发企业及研发中心的重视,不断吸引国外著名医药企业在张江建立研发中心。虽然由于种种原因没有获取到最新数据,但是在调研访谈过程中了解到,目前张江生物医药的研发企业仍然是主导,所以使用2008年的数据作为参考。

从已有数据可以看出,此时的张江生物医药企业已经涵盖了生物医药产业链的全部,这对生物医药网络形成提供了很好的主体支撑,具体如图4-23所示。

4.3.3.2　张江生物医药产学研合作创新网络的阶段分析

为了验证生物医药产学研合作创新网络的形成模型,接下来本书将对张江生物医药产学研合作创新网络的初级和强化阶段进行解读。

1) 以生物医药发展平台建立为主的研发初级阶段(1998年以前)

1998年前张江生物医药创新网络正处于刚刚开始搭建阶段,国家上海生物医药科技产业基地也处于起步阶段,两个研究中心开始建立,此时张江生物医药发展重点是构建生物医药研发平台。

从创新驱动因素来看,内部的驱动不明显,主要是来自外部驱动中宏观环境的驱动,特别是政治环境的驱动,张江生物医药产业初建也是由地方政府支持开展。国家上海生物医药科技产业基地是由国家科技部、卫生部、中科院、食品药品监督管理局和上海市人民政府公共签署成立。在创新参与者方面,它吸引了罗氏制药有限企业的进驻,成立了迪赛诺企业并在1998年建立了研究中心,次年麒麟鲍鹏(中国)生物药业有限企业成立。国家人类基因组南方研究中心成立,形成了两个研究中心,少数企业为主体的合作创新。创新资源和创新活动还不是很明显,但是张江生物医药创新网络引入了12个生物医药项目,初步建立了生物医药发展平台,开始初步研发创新活动。

2) 以自主创新为主的研发强化阶段(1999—2008年)

1999—2008年张江生物医药产学研合作创新网络已经基本形成,截至2008年年底,张江生物医药领域的相关机构超过400家,其中生物医药创新企业294家,已形成新药产品229个,新药证书超过50个。聚集生物医药企业外包企业40家,业务基本上覆盖了生物医药产业链的全过程。

从创新驱动因素来看,此时政策因素还是起到了很大的作用。1999年,张江战略政策将生物医药确定为张江的主导产业,这为张江生物医药产业发展提供了大量的优惠政策,并且得到了各部门大力支持,推动了张江生物医药迅速发展。内部驱动作用也开始显现而且越来越明显,后续企业自主创新能力的发展及国内外研发合作都在内部驱动的基础上展开。

从创新主体来看,国家新药筛选中心、中科院上海药物所也相继成立。在创新驱动的作用下,国外跨国企业开始瞄准中国广大医药市场和上海的优势,纷纷在张江设立研发中心或机构,如杜邦,霍尼韦尔,之后陶氏、罗门哈斯、诺华、辉瑞和科文斯等研发中心也纷纷进驻。同时一批国内明星企业也开始培育,如和记黄埔医药(上海)有限企业、上海华大天源生物科技有限企业、上海睿智化学研究有限企业、桑迪亚医药技术(上海)有限责任企业、上海美迪西生物医药有限企业等本土医药研发合作外包企业,创新主体越来越丰富,但是侧重生物医药研发合作创新。

从创新资源和创新活动来看,首先通过政策推动和培育不断完善生物医药创新创业环境和创新平台,依托18个研发服务平台开展研发活动,对技术、信息、知识的产生、扩散和交流起到了重要作用。在创新活动方面,建立了张江药谷公共服务平台体系,成立公共服务平台共享网络,集中了临床医疗公共服务平台、营销平台、仓储物流平台和中试产业化公务服务平台;建立了一套覆盖生物医药产业链的研发平台,涉及了创新知识管理、创新技术管理和创新信息管理;在创新资源方面,在此过程中加强对技术资源和非技术资源的平台建设，扩张业务范围，加强和创新主体网络外参与者的交流和合作，并通过担保协议扶持金融机构，建立CAR平台发展中介机构。张江民营银行也在着手建立中，并将张江生物医药企业建立成为张江园区的人才高地，持续不断吸引优秀人才的加入，整合人才资源。

经过数十年的发展，张江生物医药产业已经发展成为全国最完善的生物医药产学研合作创新网络，其中主要学校有上海中医药大学和复旦大学；重点科研所为中科院上海药物所；此外，还包括18个公共服务平台，链接建设具有全球影响力的科创中心，发挥自身的优势和作用；并吸引建立了国内外多家科研中心，成功培育了一批明星企业，将网络逐步变为生物医药创新产业群。

从表4-8可以看出，在合作创新网络形成中，起先宏观环境起到了主导作用，但是随着环境和基础设施的完善，创新内部驱动逐步凸显并占据越来越重要的地位，网络内参与者在内外部环境的作用下，利用知识、技术和信息的创新管理，及管理过程中的平台发展，开始择优联结、近邻联结、关系联结，并根据共性进行趋同性联结，最终形成了"二校、一所、一院、十八个公共服务平台、四十多个中心"构成的产学研研发创新网络，反过来创新网络发展进一步推动了创新资源和创新活动的产生和发展，促进网络进一步完善，这验证了生物医药产学研合作创新网络的形成模型。

表 4-8　张江生物医药产学研合作创新网络形成过程的分阶段对比

过程	第一阶段	第二阶段
创新驱动	外部驱动中政府政策作用明显	外部驱动开始弱化、内部驱动显现并逐步占据主要位置
创新参与者	罗氏、迪赛诺、麒麟鲍鹏(中国)、迪赛诺研发中心、国家人类基因组南方研究中心,数量较少	杜邦,霍尼韦尔开始,先后进驻陶氏、罗门哈斯、诺华、辉瑞和科文斯、中科院上海药物所、国家新药筛选中心、国家新药安全评价中心、中信国健、微创医疗、睿星基因、艾力斯医药、复旦张江等
创新活动和创新资源	12个研究项目,成立国家上海生物医药科技产业基地,技术、知识、信息的产生和流动还处于初始阶段	张江药谷公共服务平台体系,成立公共服务平台共享网络,集中了临床医疗公共服务平台、营销平台、仓储物流平台和中试产业化公务服务平台
创新网络形成	自主创新和研发优势开始显现,网络效应不明显	已经基本形成了"二校、一所、一院、十八个公共服务平台、四十多个中心"构成的企业、高校、科研院所的研发创新网络

资料来源:作者自制整理。

4.4　本章小结

本章主要是对生物医药产学研合作创新网络的形成过程进行研究,解决已存在的生物医药产学研合作创新网络如何形成的问题,通过三步来实现:

首先,对生物医药产学研合作创新网络的情况进行了概述,然后通过已有的关于生物医药产学研合作创新网络形成的研究提出本章所要解决的问题。其次,利用扎根理论方法,通过开放性编码、主轴编码、选择性编码和理论饱和度检验,进行生物医药产学研合作创新网络形成模型的构建。最后,通过张江生物医药产学研合作创新网络的形成分析和阶段对构建的形成模型进行验证,说明了模型的有效性。

通过这三步骤建立了生物医药产学研合作创新网络模型并运用张江生物医药产学研合作创新网络对该模型进行了验证,最终解决了问题二:现已存在的生物医药产学研合作创新网络是如何形成的问题。

网络形成模型的构建和验证可以确定合作创新网络会促进创新的产生和发展,这在已有的研究和经验中都得以证实。在此基础上本书为了探索为什么促进创新产生上已经迈出了关键一步,即在第3章的基础上揭开了该网络的形成过程,并对最终形成的产学研合作创新网络归纳为三类,分别是以高校、企业和科研机构为主体的生物医药产学研合作创新网络。剩下需要探索该网络的结构对创新绩效的影响。

接下来第5章将解决第三个问题:已形成的网络所具有的结构特征对创新绩效会产生何种影响。在第4章研究结果的基础上,基于ARA商业网络模型,在第3章对网络特征分析的基础上选取相应指标研究此三种产学研合作创新网络结构特征对创新绩效的影响,主要在现有研究的基础上分析生物医药产学研合作创新网络的结构特征对创新绩效的影响,利用社会网络分析方法实现了方法创新,利用关系数据更好地体现了整体网络特征。

5 生物医药产学研合作创新网络结构特征对创新绩效的影响研究

5.1 问题的提出

产学研合作创新是企业发展的一种重要方式,企业也越来越重视产学研合作,这是企业在宏观经济政策、行业市场环境和自身条件权衡下做出的选择。创新型国家战略需要大量的科技投入和创新产生,创新产生需要企业研发,原有的市场环境变化相对较慢使得技术发展趋缓,企业可以在现有环境下维持自己的竞争优势,但是随着经济的快速发展,目前的市场环境要求企业要时刻关注宏微观和行业的变化,仅仅依靠企业自有资源来维持竞争优势很困难,再加上技术条件的发展,此时企业联盟、产学研合作开始出现并迅速发展。

创新联盟、产学研合作创新的快速发展会促进高校、企业和研发机构之间自然形成一种网络。高校、企业和研发机构在网络中的位置不同,所扮演的角色不同及各个参与者之间的关系不同最终所形成的网络也就有所不同。但是无论该种网络是何种类型,网络中的参与者均会随着网络的发展而不断变化,最终呈现各自的特性和模式,而且网络中的参与者也会不断演化带来网络的不断演化,最终促进网络的完善和发展。现有学者的很多研究都阐释了产学研合作创新网络的重要性,这也是毋庸置疑的,但大多是探讨了产学研合作创新网络的重要性,并从多个方面探讨了产学研合作创新的重要性,关于产学研合作创新网络对创新绩效的研究相对较少,实证研究更是少之又少,而且使用的方法多是问卷调查、访谈等,针对产学研合作创新网络特征对创新绩效的影响研究是不是更加有利于产学研合作创新网络的发展,并没有得到很好地印证。

所以本章对产学研合作创新网络特征与创新绩效的影响关系进行研究,运用社会网络分析法,基于上海市生物医药产学研合作创新网络,开展生物医药产学研合作创新网络对创新绩效的实证分析,来探究产学研合作创新网络对创新绩效的影响。

5.2 网络的结构特征对创新绩效影响的研究假设

本书第2章对产学研合作创新网络结构特征和创新绩效的相关研究成果进行了汇总和述评,本节则在此文献综述的基础上,整理相关概念之间的内在逻辑性,提出本章的研究假设并构建理论模型。

5.2.1 参与者属性与合作创新关系的研究假设

通过扎根理论,基于 ARA 商业网络模型所建立的生物医药产学研合作创新网络的形成过程模型可以看出,生物医药产学研合作创新网络形成的起点是产学研合作创新网络的参与者,即网络参与者在网络内部驱动因素和外部驱动因素影响下,对创新资源和创新活动进行整合,而形成产学研合作创新网络的主要模式,最终该模式又反过来会推动生物医药产学研合作创新网络进一步演化和发展。所以,生物医药产学研合作创新网络的参与者对网络的形成来说至关重要。生物医药产学研合作创新网络参与者的质量对整体网络创新的产生和发展也影响重大,著名的美国北卡罗来纳三角研究园就是产学研合作的典范,其利用自身区域所具有的地理位置优势开展合作创新。学校周围汇聚了三所研究型高校,分别是达勒姆市的杜克大学、罗利市的北卡州立大学和查佩尔希尔市的北卡大学,从三角研究园到三所大学所在区域的路程时间不超过半小时,所以随着研究园的发展,大批研发企业和科研中心在此处扎根,中国的海尔集团也和三角研究园毗邻。

同时,一些学者对产学研合作创新网络参与者进行了更深入的研究,O'shea 等(2005)学者的研究结果表明,高校在产学研合作创新网络中的重要作用,高校中创新知识向商业企业的流动会大大促进商业企业成功。所以,高校和企业之间的合作也较密切。Ahrweiler 等

(2011)通过建立高校和企业之间合作的 SKIN 模型,说明在产学合作创新网络中高校对合作创新关系、创新绩效有积极的正向影响,而且对高校在其中所发挥的重要作用进行了细致阐述。就核心网络而言,对产学研合作创新网络的参与者可以进行细化,分为企业、高校和科研机构三类,按照不同参与者之间所产生的合作关系进行深入研究,可以具体分为三类:高校和科研机构、高校和企业、企业和科研机构。三类中每一类之间的合作对合作创新关系均可以产生影响。

根据上述分析结果,本章对产学研合作创新网络参与者属性和合作创新关系提出以下四个假设,并在接下来的研究中加以验证:

假设 1a:网络参与者的"高校"和"科研机构"属性与产学研合作创新关系负相关。

假设 1b:网络参与者的"高校"和"企业"属性与产学研合作创新关系正相关。

假设 1c:网络参与者的"科研机构"和"企业"属性与产学研合作创新关系负相关。

假设 1d:网络中"高校"和"企业"的合作对产学研合作创新关系影响较大。

5.2.2 参与者属性与中心性关系的研究假设

既然产学研合作创新网络参与者会对合作创新关系产生影响,则对创新网络的特征也会有不同程度的影响。通过已有研究发现,网络节点的中心性和聚类系数代表着网络节点在网络中所处的位置和所扮演的角色。产学研合作创新网络参与者所处的位置,所扮演的角色不同形成的网络也就有所不同,其中中心性特征表现较为明显,如陈京民等(2010)运用社会网络分析,通过对网络密度和网络中心性等指标进行研究,最终得出网络中心性对网络和网络参与者之间的紧密性起到相互作用,而且网络参与者越多,为网络带来的节点和资源就越丰富,从而促进网络的发展。

同时结合 O'shea(2005)等研究可以看出,并不是所有网络参与者都会推动网络中心性的发展,网络参与者的不同所形成的中心性也有所不同。O'Shea 等(2007)认为,在合作创新网络中表现比较突出的研究者会更有可能受到其他部门的青睐。所以说产学研中不同部门参与者和中心性之间的关系有所不同,大部分高新技术园区都倾向于吸纳科研机构及在技术上领先的企业,然后与高校合作来突破技术难题,这也说明了产学研合作创新网络参与者之间择优联接。Ahrweiler(2011)等论证了企业更倾向于与高校合作,Fier 和 Pyka(2014)通过研究得出高校可以打通基础研究和应用研究之间的壁垒,为企业参与创新和创新的传播创造更有力的环境。那么在这种情况下,节点的出度和入度等就有较大差别,某个节点和其他节点之间的联系也不可能平均。

根据上述分析结果,本章提出产学研合作创新网络参与者属性和

中心性特征的四个假设,并在接下来的研究中加以验证:

假设 2a:网络参与者"高校"和中心性特征正相关。

假设 2b:网络参与者"企业"和中心性特征负相关。

假设 2c:网络参与者"科研机构"和中心性特征负相关。

假设 2d:网络参与者更倾向于合作申请专利。

5.2.3 网络结构特征与创新绩效关系的研究假设

生物医药产学研合作创新网络形成旨在促进创新的产生、传播和发展,这也是产学研合作创新网络得以不断发展壮大的原因。所以对产学研合作创新网络需要用创新绩效进行度量,创新绩效发展和创新网络特征之间有着不可忽视的联系,洪燕真和戴永务(2015),结合问卷调查获取网络结构指标的数据,运用 SPSS 进行回归分析,最终得到林业产业的发展和创新网络环境、创新网络结构,尤其是网络居间性和网络资源丰富度会对创新资源的发展产生正向影响。

在此基础上,结合生物医药产学研合作创新网络参与者属性所发挥的作用,很多学者也有了更具体的研究。张艳辉等(2012)论证了网络中心性对技术创新绩效有正向影响。彭伟等(2013)利用社会网络和知识管理的理论,运用问卷调查和企业访谈,最终得到网络中心性对创新绩效有显著影响,其中内部知识整合在这种影响中起到中介作用。赵良杰和宋波(2015)从联盟网络的角度证明了小世界系数、中心性程度和创新绩效的相关关系。曹洁琼等(2015)运用社会网络分析和负二项回归分析研究平均路径长度和聚类系数与创新绩效的关系,验证了产学研合作创新网络小世界特性对创新绩效的影响。王彦博和任慧(2015)从社会网络和知识管理的角度出发,运用负二项回归分析来研究结构洞和中介中心性对创新绩效的影响机理。李守伟和朱瑶(2016)通过问卷调查和结构方程方法,对新能源汽车行业进行实证分析,得出以下结论:节点度、中介中心性度和结构洞均对经济绩效起促进作用,社会绩效受到合作网络节点度的正向影响,生态绩效受到结构洞的正向影响。

根据上述分析结果,本章进一步提出产学研合作创新网络结构特征与创新绩效的四个假设,并在接下来的研究中加以验证:

假设 3a:产学研合作创新网络参与者属性和创新绩效正相关。

假设 3b:产学研合作创新网络的中心性和创新绩效负相关。

假设 3c:产学研合作创新网络的结构洞和创新绩效正相关。

假设 3d:产学研合作创新网络的小世界特性和创新绩效负相关。

5.3 理论模型的构建

本书根据以上对已有研究文献的探讨和研究假设的提出,绘制生物医药产学研合作创新网络结构特征对创新绩效影响的研究框架并构建理论模型。

5 生物医药产学研合作创新网络结构特征对创新绩效的影响研究

本书基于 ARA 商业网络模型构建了生物医药产学研合作创新网络的理论模型,具体如图 5-1 所示。生物医药产学研合作创新网络核心网络的创新主体包括企业、高校和科研机构,生物医药产学研合作创新网络的创新主体整合创新资源和活动形成合作创新关系,合作创新关系的稳步发展和演化形成了合作创新网络。合作创新网络具有小世界特性、结构洞和中心性特征。合作创新网络形成后通过不断运行和发展产生创新绩效,创新绩效在一定程度上体现了合作创新网络的合作创新关系。其中创新主体会对合作创新关系产生影响,不同主体之间的合作对合作创新关系的作用不同,基于择优联结、近邻联结、关系机制和趋同性等内部驱动因素的不同,生物医药产学研合作创新网络特征对创新绩效产生也不相同,并不是所有特征对创新绩效来说都有利,通过研究可以为生物医药产学研合作创新网络创新绩效的产生和网络的发展提出意见和建议。

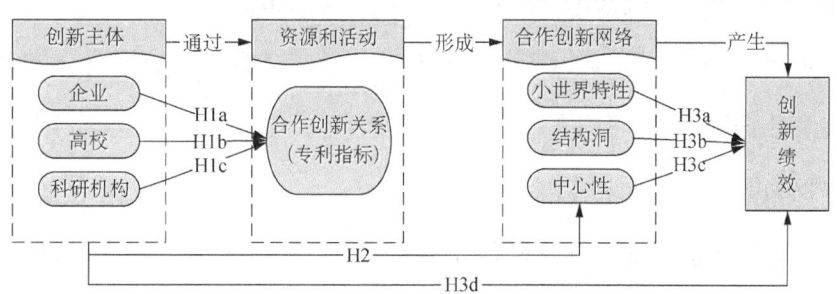

图 5-1 生物医药产学研合作创新网络的理论模型

本章主要通过对生物医药产学研合作创新网络结构特征对创新绩效的影响进行分析的基础上，提出研究假设，构建理论模型。

首先根据研究内容提出为什么要探究产学研合作创新网络结构特征对创新绩效的影响，这是研究的需要，也是产学研合作创新网络快速发展的需求。

其次研究假设的提出和理论模型的构建。通过对已有研究的总结和文献内在逻辑性的推导提出三个方面的假设，共12个假设，并据此建立产学研合作创新网络结构特征对创新绩效的理论模型。

最后对我国生物医产学研合作创新网络进行社会网络分析并在该理论模型的指导下针对上海市生物医药的产学研合作创新网络特征对创新绩效的影响进行实证分析，具体从以下三个方面着手：

第一，运用关系数据，完整呈现出一个网络的结构并对网络特征进行分析，虽然也会面临着抽样问题，但是很多研究个体网络、局部网络和整体网络所存在的问题可以得到很好地解决。

第二，采用国家知识产权局专利检索权威数据库来获取合作申请专利数据，避免问卷调查过程中问卷设计不当或者抽样不规范而对整体网络数据产生不利影响。

第三，利用社会网络分析方法——QAP分析进行假设检验和回归分析来验证关系数据，使得论证得以证实。

5.4 上海市生物医药产学研合作创新网络的构建及分析

5.4.1 网络的构建

5.4.1.1 数据来源和工具的运用

本书研究产学研合作创新网络所使用的数据是合作申请专利数,初始数据来源于国家知识产权局专利检索数据库。中国在1985年颁布实施了第一部《中华人民共和国专利法》,到2016年12月31日A61K的专利申请数共5 351 074项,每个专利包括申请号、申请日、公开(公告)号、申请(专利权)人以及发明人和代理机构。获取到初始样本数据以后首先运用Python对已获取的数据进行预处理,得到一个关于企业、高校和科研机构的专利合作矩阵;然后再进一步获得创新绩效方阵,从而得到本书研究的因变量——创新绩效;最后通过Ucinet软件对专利合作矩阵进行进一步分析得到小世界特性、结构洞和参与者属性矩阵,则社会网络分析的自变量——小世界特性、结构洞和参与者属性即得到了,后续就可以运用QAP分析进行社会网络分析。

5.4.1.2 上海市产学研合作创新网络的构建

产学研合作网络基于创新绩效指标构建而成,而产学研合作创新网络的创新绩效指标主要通过矩阵的方法计算得到,也可以称为矩阵算法。具体过程可以分为三步:

首先,确定参与者属性矩阵。本书研究产学研合作创新网络主要是核心网络,所以参与者是企业、高校和科研机构。如果非企业、高校和科研机构,则记为0;反之,如果是企业、高校和科研机构任何一种,则记为1,据此建立参与者属性矩阵 A,具体如下:

$$A = \begin{pmatrix} 1 & 0 & 0 \\ 1 & 0 & 0 \\ L & 1 & 0 \\ 0 & L & L \\ 0 & 0 & 0 \end{pmatrix} \quad (5-1)$$

其中该矩阵的三列表示三种属性,分别是企业、高校和科研机构,如果是高校,则在高校这一列记为1;如果是企业,则在企业这一列记为1;如果是科研机构,则在科研机构这一列记为1。

其次,确定关系矩阵。本书基于专利申请数构建网络关系,即如果矩阵中行和列的参与者之间合作申请了专利,就在参与者之间建立联系。以此类推,就构建了一个无向加权的关系矩阵 B,具体如下:

$$B = \begin{pmatrix} 0 & 1 & L & 0 \\ 1 & 0 & 1 & 1 \\ L & 1 & L & L \\ 0 & 1 & L & 1 \end{pmatrix} \quad (5-2)$$

其中该矩阵行和列的元素是一样的,即 B 是一个对称矩阵。如果参与者之间合作申请了专利,则在矩阵中记为 1,反之则记为 0。

$$C = A * B * A^T = \begin{pmatrix} 1 & 0 & 0 \\ 1 & 0 & 0 \\ L & 1 & 0 \\ 0 & L & L \\ 0 & 0 & 1 \end{pmatrix} \begin{pmatrix} 0 & 1 & L & 0 \\ 1 & 0 & 1 & 1 \\ L & 1 & L & L \\ 0 & 1 & L & 1 \end{pmatrix} \begin{pmatrix} 1 & 1 & L & 0 & 0 \\ 0 & 0 & 1 & L & 0 \\ 0 & 0 & 0 & L & 1 \end{pmatrix}$$

(5-3)

最后,将第一步中得到的参与者属性矩阵、第二步得到的无向加权矩阵、第一步得到的参与者属性矩阵进行转置,三者相乘 $(A * B * A^T = C)$,最终获取到本书研究所需要的因变量矩阵——创新绩效矩阵 C,具体如公式 5-3 所示。

5.4.2 网络结构的分析

第 4 章在扎根理论分析的基础上得到了产学研合作创新网络形成

过程模型,从 ARA 商业网络模型出发,结合创新网络的驱动因素、创新网络的主体、创新资源、创新网络的形成最终建立了一个统一的模型,说明了生物医药产学研合作创新网络的形成是在内外部驱动因素的影响下,由创新网络参与者通过创新活动和创新资源联系在一起,并且随着不断地演化,形成了相对稳定的三种主要创新网络模式,最终推进生物医药产业研合作创新网络的进一步发展。在此基础上,本书对张江生物医药产学研合作创新网络进行案例验证,说明模型的适用性和有效性。下面本章将在产学研合作创新网络形成模型的基础上对上海市生物医药产学研合作创新网络进行阐述。

5.4.2.1 上海市生物医药产学研合作创新网络的参与者

通常创新网络参与者涵盖了企业、高校、科研机构、中介服务、政府等,但是合作创新网络的核心网络主要包括企业、高校和科研机构,政府、中介服务等是合作创新网络的边缘网络,亦可以称为相关网络。本书主要研究的主体是核心网络,通常也称为产学研合作创新网络。所以,本书研究的生物医药产学研合作创新网络是指以生物医药行业的企业、高校和科研机构为主体,以专利为关系所建立起来的合作创新网络。

首先通过国家知识产权局专利检索数据库获取关于上海市生物医药产学研合作创新网络的参与者信息,再通过上海市高新技术企业名录中对检索出的企业进行删选和核对,选出 135 家生物医药企业、10 家高校和 11 家科研机构,共 156 家产学研合作创新网络的参与者,具体如表 5-1 所示。

5 生物医药产学研合作创新网络结构特征对创新绩效的影响研究

表 5-1 上海市生物医药产学研合作创新网络的参与者

参与者属性	参与者名称
企业	浦东新区 45 家,闵行区 25 家,奉贤区 19 家,松江区 12 家,青浦区 9 家,徐汇区 5 家,金山区 5 家,宝山区 4 家,杨浦区 3 家,长宁区 3 家,嘉定区 3 家,普陀区 1 家,闸北区 1 家,共 135 家
高校	复旦大学、华东理工大学、华东师范大学、上海海洋大学、上海大学、上海中医药大学、上海理工大学、上海师范大学、东华大学和上海交通大学共 10 所
科研机构	中国科学院上海药物研究所、国家新药筛选中心、国家化合物样品库、国家上海新药安全评价研究中心、生物芯片上海国家工程研究中心、国家中药现代化(上海)创新中心、上海人类基因组研究中心、国家中药制药工程技术研究中心、上海市食品药品检验所、上海市食品药品包装材料测试所和上海市计量测试技术研究院共 11 所

资料来源:作者自制整理。

5.4.2.2 上海市生物医药产学研合作创新网络的资源和活动

在搜集到上海市生物医药产学研合作创新网络的参与者后,本书下一步目标是确定上海市生物医药产学研合作创新网络的资源和活动。这些资源和活动涉及专利申请、项目合作、新药开发、合作论文等。为了获取有权威数据库的支持,本书选择了合作专利申请。

本章研究产学研合作创新网络,承接第 4 章的研究思路,仍使用合作申请专利数,初始数据来源于国家知识产权局——专利检索数据库。获取初始样本数据后,运用 Python 对已获取的数据进行预处理,得到了一个关于企业、高校和科研机构的专利合作矩阵。

5.4.2.3 上海市生物医药产学研合作创新网络结构图

(1) 上海市生物医药产学研合作创新的核心网络。

上海市生物医药产学研合作创新网络的核心网络主要包括生物医药企业、高校和科研机构,其中生物医药企业又可以分为垂直联系企业和水平联系企业,垂直联系企业主要按照"上游—下游"路径展开,包括供应商、生物医药企业和客户。水平联系主要从横向对企业进行梳理,包括互补企业和竞争企业,具体如图 5-2 所示。生物医药企业、高校及科研机构之间实现知识、技术、资源、信息的流动和传播,最终促进了上海市生物医药产学研合作创新核心网络的形成。

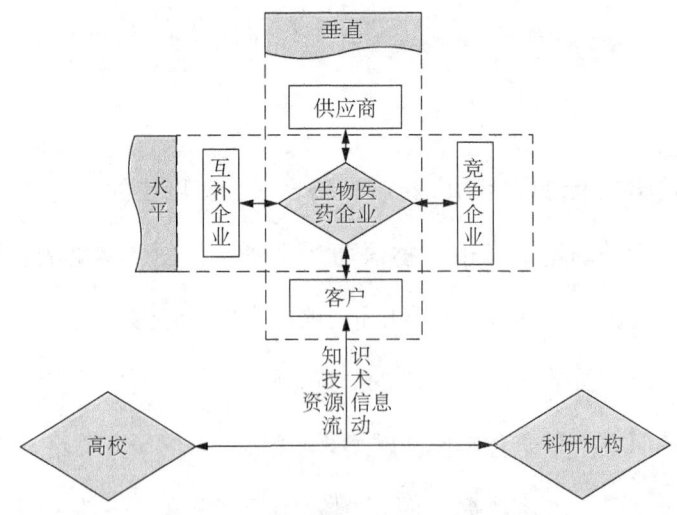

图 5-2　上海市生物医药产学研合作创新的核心网络

上海生物医药核心网络的发展得益于三个方面:首先是"一个核心,五大基地",一个核心是指张江—周康研发核心,主要从事基础研发和药品的研发、筛选等,五大基地是指闵行、徐汇、奉贤、金山和青浦五个生物医药药物制造基地,从事生物医药药物的生产和制造,具体如图 5-3 所示;其次是研发体系的国际化,张江从 1999 年聚焦张江战略后,先后引入全球排名前 12 的生物医药企业及研发中心,并且培育本地企业和研发中心,实现从依赖国际化企业到本土化企业创新能力大大提高的转变;最后是"VIC"研发孵化新模式,建立张江药谷孵化中

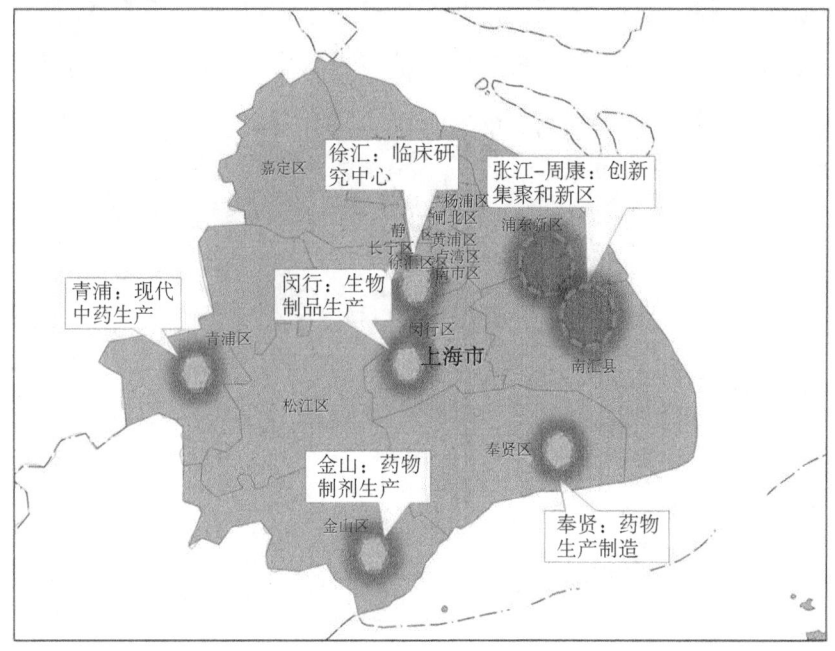

图 5-3 上海市生物医药产业基地布局图

资料来源:生物医药产业白皮书。

心,将具有研发优势企业的项目通过平台引荐,获取政府或者风险投资,并且可以享受研发外包企业的物理、信息和人员等服务,大大降低成本。

(2)上海市生物医药产学研合作创新的相关网络和外部网络。

除了核心网络,产学研合作创新网络还存在相关网络和外部网络,相关网络是主体细分的结果,将政府、金融机构和中介结构细分出来。这三者不直接参与生物医药产学研合作,主要为核心网络提供资金、政策和信息技术等支持,具体如图5-4所示。外部网络是指生物医药产学研合作创新网络中一些尚未在网络中出现,但随着网络发展也可能加入的节点,该网络是演变的,节点是自由的,其可以根据自己具体情况选择加入或者退出该网络。

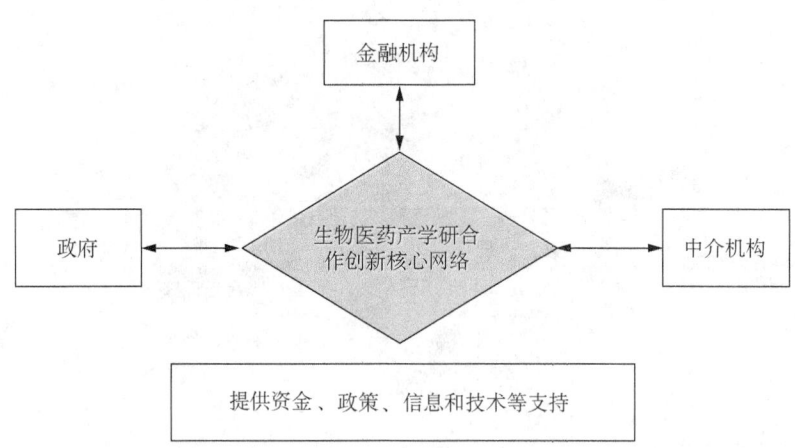

图5-4 上海市生物医药产学研合作创新的相关网络和外部网络

5.4.3 网络的可视化及中心性分析

5.4.3.1 产学研合作创新网络创新绩效指标的可视化分析

本章在第4章的基础上,结合创新绩效矩阵,利用Gephi软件将创新绩效进行可视化分析,具体可视化结果如图5-5所示。

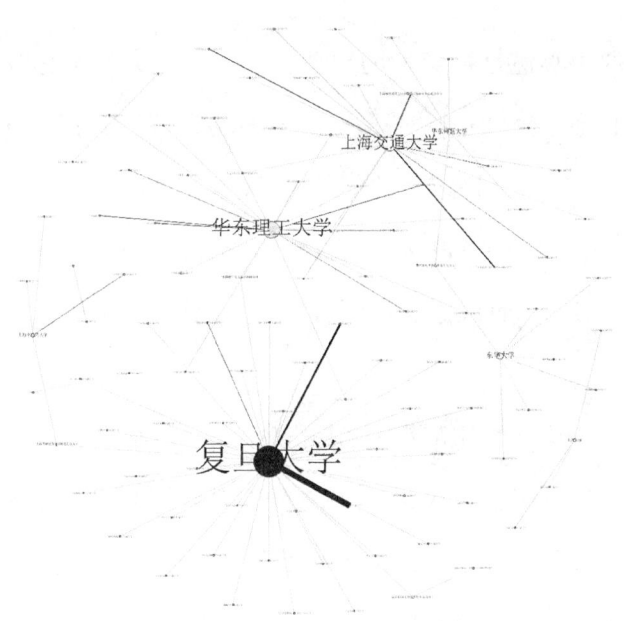

图5-5 上海市生物医药产学研合作创新网络创新绩效

从图5-5可以看出,上海市生物医药产学研合作创新网络的创新绩效中高校创新绩效明显,因为网络中的节点越大说明该节点的度越高,该节点和其他节点之间的产学研合作越密集。从图中可以看出,节点较大的几个点中复旦大学、华东理工大学、上海交通大学较为突出，这说明产学研合作中高校所起到的作用要远远大于企业和科研机构。而且企业和科研机构之间的产学研合作也依托高校，高校在产学研合作创新中效果突出，从一定程度上反映了上海市生物医药产学研合作创新网络的特点。

5.4.3.2 产学研合作创新网络的中心性及量化研究

网络的中心性是社会学的重要概念——权力的量化分析。对网络中心性的研究是社会网络分析的重要研究内容之一。Bavelas(1950)认为，节点的位置与其所具有的权力正相关，即节点越处于中心位置，其在网络中所发挥的作用就越大。Freeman(1979)认为，这在中心性研究上具有开创性意义，并且网络中心性和群体效率有十分重要的联系。

(1) 产学研合作创新网络的中心性。

中心性的研究主要考量点的中心性和图的中心性，点的中心性一般用中心度表示，而且又可以分为绝对中心度和相对中心度，相对中心度是为了方便将各个节点之间进行比较而产生，具体如公式5-4和5-5所示。

$$C_D(n_i) = d(n_i) = \sum_{j=1}^{n} x_{ij} \tag{5-4}$$

$$C_D(n_i) = \frac{d(n_i)}{(n-1)} \tag{5-5}$$

其中式(5-4)为绝对中心度表达式,式(5-5)为相对中心度表达式。当 $x_{ij}=0$ 时,n_i 和 n_j 不直接相邻,$x_{ij}=1$ 时,n_i 和 n_j 直接相邻。

除此以外,中心度又可以进一步分为度中心性、中间中心性、接近中心性和特征向量中心性。

度中心性分为行动者中心性和群组中心性,本章主要研究行动者中心性,因为行动者中心性的度量十分重要,而且对节点的度量也是对度中心性的度量,具体公式如下:

$$C_D(n_i)=d(n_i)=\sum_j x_{ij}=\sum_j x_{ji} \tag{5-6}$$

群组中心性是对整体网络中心度进行度量的重要指标,该指标体现了行动者集合的中心度大小及行动者大小和范围的界定,将单个行动者指标与可获取的最大值进行比较,具体公式如下:

$$C_D=\frac{\sum_{i=1}^{g}[C_D(n^*)-C_D(n_i)]}{MAX\sum_{i=1}^{g}[C_D(n^*)-C_D(n_i)]} \tag{5-7}$$

同时也可以计算出群体度中心性的标准差:

$$S_D^2=\Big[\sum_{i=1}^{g}[C_D(n^*)-\bar{C}_D]^2\Big]/g$$

不直接相连的两个行动者会通过第三方行动者联系在一起,中介中心性就是度量第三方行动者对其他需要通过该行动者才能连接的行动者之间的控制程度,一般可以分为行动者中介中心性和群中介中心性，具体公式如下：

$$C_B(n_i) = \sum_{j<k} g_{jk}(n_j)/g_{jk}$$

$$C'_B(n_i) = \frac{C_B(n_i)}{[(g-2)(g-1)]/2} \quad (5-8)$$

$$C_B = \frac{\sum_{i=1}^{g}[C'_B(n^*) - C'_B(n_i)]}{(g-1)}$$

接近中心性包括行动者接近中心性和群接近中心性。行动者接近中心性对网络中的某个行动者是如何接近网络中其他行动者进行量化；群接近中心性主要是通过对群中心性的度量来量化整体网络的集中性，具体公式分别如下：

$$C_c(n_i) = \left[\sum_{i=1}^{g} d(n_i, n_j)\right]^{-1} \quad (5-9)$$

$$C_c = \frac{\sum_{i=1}^{g}[C'_c(n^*) - C'_c(n_i)]}{[(g-2)(g-1)]/(2g-3)} \quad (5-10)$$

特征向量中心性的度量说明了虽然一个节点的重要性会受到它和多少其他节点相连的影响，但是除此以外，和该节点相连的其他节点的重要性也是一个重要的考量指标，一般用特征向量中心性来度量。特征向量中心性通过社会网络分析软件自行计算出来。

接下来本书对度中心性、中介中心性、接近中心性和特征向量中心性进行比较,主要用中心度高低来作为比较维度,具体如表 5-2 所示。

表 5-2 四种中心度的比较

项目	度中心性低	中介中心性低	接近中心性低	特征向量中心性低
度中心性高		"自我"的联络人是绕过其他节点的冗余交往关系	所嵌入的集聚远离网络中其他点	网络中的节点还未出现质量高低的明显划分
中介中心性高	"自我"的少数关系对网络流动来说至关重要			
接近中心性高	是与重要人物有关联的关键点	在网络中可能存在多条途径,自我和很多点接近,但是其他点和另一些点接近		
特征向量中心性高	网络中的点更倾向于和质量高的点产生交往关系			

资料来源:刘军(2009)。

从表 5-2 可以看出,度中心性高、中介中心性低的参与者具有"自我"的联络人,是绕过其他节点的冗余交往关系的特征;度中心性高、接近中心性低的参与者具有所嵌入的集聚远离网络中其他点的特征;度中心性高、特征向量中心性低的参与者具有网络中的节点还未出现质量高低的明显划分的特征;度中心性低、中介中心性高的参与者具有"自我"的少数关系对网络流动来说至关重要的特征;度中心性低、接近中心性高的参与者具有关键点与重要人物有关联的特征;度中心性低、特征向量中心性高的参与者具有网络中的点更倾向于和质量高的点产生交往关系的特征,而接近中心性高、中介中心度低的参与者具有在网络中可能存在多条途径,自我和很多点接近,但是其他点和另一些点接近的特征。接下来将对上海市生物医药产学研合作创新网络创新绩效的中心性进行量化研究。

(2) 上海市生物医药产学研合作创新网络中心性的量化研究。

通过对网络四个中心性的阐述,接下来本书对上海市生物医药产学研合作创新网络创新绩效进行度量;对上海市生物医药产学研合作创新网络进行中心性分析;深化对上海市生物医药产学研合作创新网络创新绩效的了解,具体分析分为群中心性分析和行动者中心性分析。

由表5-3可知,上海市生物医药产学研合作创新网络创新绩效的群中心性特征,其中均值中度中心性、中间中心性、接近中心性和特征向量中心性的平均数分别为1.208、0.823、0.134和－4.893。从绝对值来看,特征向量中心性的均值明显大于其他中心性的均值;从标准差可以看出,度中心性、中间中心性、接近中心性和特征向量中心性的标准方差为3.489、0.085、0.931、10.211,这说明了上海市生物医药产学研合作创新网络创新绩效的离散程度中特征向量中心性的离散程度最大,相比较而言接近中心性的离散程度最小,其次是中介中心性,最后是度中心性。

表 5-3 上海市医药制造业产学研合作创新网络的群中心性分析

统计指标	度中心性	接近中心性	中介中心性	特征向量中心性
均值	1.208	0.823	0.134	−4.893
标准差	3.489	0.085	0.931	10.211
和	188.387	128.463	20.838	−763.325
方差	12.176	0.007	0.866	104.263
最大值	0.645	0.645	0	−100
最小值	28.387	0.893	7.926	0

数据来源:利用 Ucinet6.2 计算得出。

从对四种中心性的对比可以得出,从整体上来说,上海市生物医药产学研合作创新网络中的节点更倾向于与质量高的节点连接,而且网络中节点之间的连接所形成的集群和集群之间还存在一定距离。所以上海市生物医药产学研合作创新网络创新绩效总体上来说还有进一步联合发展的空间,创新的扩散目前并没有很好地辐射到整个区域,如以复旦大学为主要节点连接的网络可能集中于张江国家高新技术开发区,与其他区域的联系不多。

行动者中心性的量化研究也将从四个中心度指标的量化来展开,但是鉴于上海市生物医药产学研合作创新网络所涉及的节点比较多,量化得到的中心性数量庞大,所以就不具体展示出来,本部分侧重对四个中心性之间的相关性进行研究,具体结果如表5-4所示。

表5-4 行动者中心性量化的比较分析

项目	显著度	度中心性	中介中心性	接近中心性	特征向量中心性
度中心性	相关性	1	0.990	0.032	−0.422
	标准系数		0.990 034	0.032 024	−0.421 860
	显著度		0.000	0.821	0.019
中介中心性	相关性	0.990	1	0.070	−0.466
	标准系数	0.990 034		0.434	−0.465 790
	显著度	0.000		0.069 578	0.006
接近中心性	相关性	0.032	0.070	1	−0.380
	标准系数	0.032 024	0.434		−0.379 506
	显著度	0.821	0.069 578		0.000
特征向量中心性	相关性	−0.422	−0.466	−0.380	1
	标准系数	−0.421 860	−0.465 790	−0.379 506	
	显著度	0.019	0.006	0.000	

数据来源:作者自制整理。

从表5-4可以看出,从相关性、标准系数和显著度的角度对四种中心性两两进行相关性分析,最终得出度中心性和中介中心性相关性非常高,达到0.99,高度正相关;中介中心性及度中心性和特征向量中心性的相关性基本相同,均是0.42~0.47,呈现负相关;除此以外,接近中心性和度中心性的相关性不显著,与中介中心性的相关性不高,与特征向量中心性的相关性最高而且呈现显著负相关。

特征性向量中心性与度中心性、中介中心性和接近中心性三种之间相关性的显著度都小于0.05,符合相关性检验的要求,虽然相关性不是很大,但是这满足了相关性的要求,所以在上海市生物医药产学研合作创新网络创新绩效行动者中心性的指标中特征向量中心性的作用最大,代表性最强,网络中的行动者都倾向于和网络中质量较高的参与者连接,即择优联结。

5.4.3.3　产学研合作创新网络中心性和创新绩效的关系研究

在此基础上,本节将对四个中心性指标和创新绩效之间的关系做回归分析。具体相关性矩阵如表5-5所示。

表5-5　四个中心性指标和创新绩效之间的相关性矩阵

指标	度中心性	接近中心性	中介中心性	特征向量中心性	创新绩效
度中心性	1.000	0.032	0.990	−0.422	0.755
接近中心度/性	0.032	1.000	0.070	−0.380	0.063
中介中心性	0.990	0.070	1.000	−0.466	0.754
特征向量中心性	−0.422	−0.380	−0.466	1.000	−0.107
创新绩效	0.755	0.063	0.754	−0.107	1.000

数据来源:利用Ucinet6.2计算得出。

从表5-6可以看出,度中心性、接近中心性、中介中心性和特征向量中心性与创新绩效之间的相关性分别为0.755、0.063、0.754和

—0.107。度中心性和创新绩效的相关性最大。从相关性分析上看,度中心性、中介中心性和创新绩效的相关性较高,这与表 5-4 中心性指标量化比较分析一致,因为度中心性和中介中心性高度相关。除此以外,特征向量中心性和创新绩效的相关性较高,接近中心性和创新绩效的相关性最低,在此基础上进行回归分析,具体分析结果如表 5-6 所示。

表 5-6　模型的拟合度

R^2	调整 R^2	F 值	置换检验后的显著度
0.661	0.650	73.643	0.009

数据来源:利用 Ucinet6.2 计算得出。

从表 5-6 可以看出,中心性指标和创新绩效的拟合结果比较好,调整 R 方在 0.65,完全符合回归分析的要求。表 5-7 呈现出了回归分析的具体情况,从中可以看出,非标准化系数下对创新绩效影响最大的是接近中心性,其次是中介中心性和特征向量中心性,最后是度中心性。这与接近中心性和中介中心性的极大相关性密不可分。度中心性对创新绩效影响最小,虽然度中心性和创新绩效的相关性比较高,但是对创新绩效的影响却不是很大。除此以外,特征向量中心性最显著。本书在结合各中心性指标的量化比较及中心性指标对创新绩效的相关分析的基础上得出,特征向量中心性和度中心性、中介中心性和接近中心性之间的相关性都显著负相关,后续对中心性指标的分析将采用特征向量中心性作为代表指标来分析。

表 5-7　中心性指标和创新绩效的回归分析

变量	非标准系数	标准化系数	显著度
度中心性	−0.511 92	−0.052 02	0.031
接近中心度/性	56.229 32	0.139 556	0.022
中介中心性	35.819 4	0.970 874	0.017
特征向量中心性	1.265 176	0.376 184	0.004

数据来源：利用 Ucinet6.2 计算得出。

5.4.4　网络的结构洞分析

网络结构洞特征描述网络参与者之间的非重复关系，结构洞类似于一个缓冲器，作用类似于电路中的绝缘体。结构洞说明了关系的非冗余性特点，即该关系是促使网络中参与者之间产生联系的必然条件，必须通过该节点才能实现信息、技术和创新的传递及传播。所以结构洞中两个网络参与者对总体网络的贡献率可以叠加，结构洞理论的推出连接了宏观和微观之间的理论研究并且强调了三方关系结构的重要性。

测量结构洞的指标有凝聚力、结构等位等。首先，结构洞存在于弱关系之中，如果是强关系，则两者之间的信息在很大程度上重叠，弱关系的存在促使两个群体或者两个节点之间的凝聚力不同，这是结构洞的第一个指标。其次，如果网络的参与者处于同一个等位，就会获取到相同的信息,此时就会产生信息冗余,如网络中的参与者都是某学校某专业的研究生,那么很多信息都共通,这就是信息冗余。所以结构等位是结构洞的第二个重要指标。总之,凝聚力关注直接联系,结构等位关注对称的非直接联系。

5.4.4.1 伯特的结构洞指数

伯特认为,结构洞是指网络参与者之间的非冗余联系,即网络中两个参与者之间如若产生联系必须通过第三方,那么第三方就是中间人,这就是结构洞,占据结构洞位置的参与者会获取更多的信息和资源,故结构洞位置至关重要。其实关系产生的纽带,是信息传递不可或缺的中介。现有研究一般通过结构洞指数和中间中心性对结构洞进行测量。结构洞指数主要包括有效规模、效率、限制度和等级度四个方面。

有效规模的公式如下:

$$S_i = \sum_i \left(1 - \sum_q p_{iq} m_{iq}\right), q \neq i, j \tag{5-11}$$

其中 j 表示与点 i 相连的所有点; q 表示除 i 和 j 之外的第三者; $p_{iq} m_{iq}$ 表示点 i 和 j 之间的冗余度。

效率是指网络节点的有效规模和实际规模之比,具体公式如下:

$$E_i = S_{\text{有效}} / S_{\text{实际}} \tag{5-12}$$

限制度是指网络中节点所拥有的控制结构洞的能力,具体公式

如下:

$$C_{ij} = \left(p_{iq} + \sum_q p_{iq} m_{qj}\right)^2 \qquad (5-13)$$

等级度的公式如下：

$$H = \frac{\sum_j \left(\frac{C_{ij}}{C/N}\right) \ln\left(\frac{C_{ij}}{C/N}\right)}{N \ln(N)} \qquad (5-14)$$

5.4.4.2 结构洞指标的比较分析

产学研合作创新网络结构洞特性对创新绩效影响的解释变量是结构洞，即有效规模、效率、限制度和等级度。为了具体衡量凝聚力和结构等位，本部分首先对四个指标之间的相关性进行比较分析，具体结果如表5-8所示。

表5-8 结构洞指标相关性的比较分析

项目	相关性指标	有效规模	效率	限制度	等级度
有效规模	相关性	1		−0.761	−0.422
	标准系数			−0.761	−0.582
	显著度			0.000	0.000
效率	相关性		1	1	1
	标准系数			0	0
	显著度			1	1

(续表)

项目	相关性指标	有效规模	效率	限制度	等级度
限制度	相关性	−0.761	1	1	0.952
	标准系数	−0.761	0		0.952
	显著度	0.000	1		0.000
等级度	相关性	−0.422	1	0.952	1
	标准系数	−0.582	0	0.952	
	显著度	0.000	1	0.000	

数据来源：作者自制整理。

由表5-8可知，上海市生物医药产学研合作创新网络结构洞特性中有效规模和限制度、等级度之间的相关性较高，其有效规模和限制度、限制度和等级度、等级度和有效规模之间的相关性分别为−0.761、0.952和−0.582，而且显著度均为0.000，十分显著，效率和有效规模之间不存在相关性，效率与限制度和等级度之间的相关性为1，但系数为0，而且不显著。所以接下来的研究将剔除掉效率指标，选取有效规模、限制度和等级度三个指标作为结构洞指标，探讨结构洞指标和创新绩效之间的关系。

5.4.4.3 产学研合作创新网络结构洞指标与创新绩效的关系研究

在5.4.4.2的基础上，接下来本书将对三个结构洞指标和创新绩效之间的关系做回归分析，首先做相关性分析，具体如表5-9所示。

表 5-9 三个结构洞指标和创新绩效之间的相关性矩阵

指标	有效规模	限制度	等级度	创新绩效
有效规模	1.000	−0.761	−0.582	0.755
限制度	−0.761	1.000	0.952	−0.482
等级度	−0.582	0.952	1.000	0.264
创新绩效	0.755	−0.482	0.264	1.000

数据来源:利用 Ucinet6.2 计算得出。

从表 5-9 可以看出,除了有效规模,限制度和等级度与创新绩效均负相关,而且有效规模与创新绩效的相关性最大,达到 0.755,其次是限制度,最后是等级度。在此基础上进行回归分析,具体分析结果如表 5-10 所示。

表 5-10 模型的拟合度

R^2	调整 R^2	F 值	置换检验后的显著度
0.676	0.667	105.488	0.006

数据来源:利用 Ucinet6.2 计算得出。

从表 5-10 模型拟合度可以看出,R^2 和调整 R^2 均达到了 0.6 以上,满足了回归分析的要求,而且显著度高达 0.006,十分显著。

从表 5-11 可以看出,虽然有效规模与创新绩效的相关性最大,但就影响力而言,限制度的影响程度最显著,即网络中节点对网络结构洞的控制度对创新绩效影响最大,而且呈现出负影响,即限制度越大则创新绩效越消极,与其相对应的是等级度,等级度越大则会带来越多的创新绩效,这也是结构洞的魅力所在,可以连接不同等级和位置的节点实现信息、技术和创新的传播。

表 5-11 结构洞指标和创新绩效的回归分析

变量	非标准系数	标准化系数	显著度
有效规模	2.940	0.463	0.023
限制度	−292.188	−1.422	0.014
等级度	334.586	1.358	0.005

数据来源:利用 Ucinet6.2 计算得出。

5.5 上海市生物医药产学研合作创新网络参与者属性分析

现有关于产学研合作创新网络的研究中定量分析较少,实证分析也相对欠缺,已有的定量分析有博弈论、仿真等方法,但这些方法更适用于复杂网络分析中对网络的演化分析,关于社会网络分析更多是使用问卷或者调研的方法取得定性资料,然后通过质性分析软件实现定量研究,方法上倾向于使用结构方程或者多元回归分析。但是产学研合作创新网络从根本上来说是一个网络图或者矩阵,不同于属性数据,其是关系数据。

社会网络分析中对关系的假设检验主要包括了三类:点层次属性数据的关系假设检验、点—关系混合层次的假设检验以及关系和关系层次的假设检验。前两者是比较常规的一些假设检验,如 T 检验、方差检验以及回归分析等。第三种是 QAP（Quadratic Assignment Procedure，二次指派程序）分析方法，该方法涵盖了矩阵相关分析、矩阵关系列联表分析及矩阵的回归分析三种，可以实现因变量矩阵与多个自变量矩阵之间的回归分析。

5.5.1 二次指派程序方法介绍

从整体网的角度出发，如果想要研究生物医药产学研合作创新网络的整体网络特征、整体网网络特征对创新绩效的影响，运用社会网络分析更合适，而且随着研究方法的发展和研究软件的完善，这种研究需求已经完全可以满足，QAP 社会网络分析法可以实现点—关系数据、关系和关系数据及关系数据与属性数据分析并完成回归分析，所以本章将运用 QAP 的社会网络分析方法对产学研合作创新网络结构特征对创新绩效的影响进行实证分析。

传统的属性数据可以通过抽样方法，使用最小二乘法来实现参数检验，但是当数据是用矩阵表示的关系数据时，就存在数据结构的自相关性，此时运用传统的参数检验已经无法实现检验的目的，这需要特定的研究方法，QAP 分析方法便是可以实现关系数据检验的方法之一。

QAP 主要是对两个矩阵的格值相似性进行比较分析的方法，其通过对各个矩阵的格值进行比较，得到矩阵之间的相关系数，并对相关系数进行非参数检验，其可以规避两矩阵相关检验出现的共线性问题，并进行回归分析。

5.5.2 参与者属性的检验及结果分析

产学研合作创新网络行动者是产学研合作创新网络形成的主体，对主体属性特征的考量十分必要，主体之间的知识、技术和信息交流形成创新网络关系，最终促进产学研合作创新网络的形成，产生创新绩效。

5.5.2.1 自相关检验

产学研合作网络参与者属性假设检验主要对网络行动者的属性层次变量进行回归分析。产学研合作创新网络主要包括三类参与主体分别是企业、高校和研究机构。对其网络行动者进行假设检验主要考虑三者的网络特征差异，并进一步分析其在产学研合作创新网络中所起到的作用。首先需要进行自相关检验，因为对两个集群内外模式的检验中自相关分析只能检验两种属性，所以本节将分三步检验异质性。进行属性之间的自相关检验时需要确定矩阵，下面将根据参与者属性建立相关矩阵。

(1) 高校和科研机构的自相关检验。

高校和科研机构的自相关检验，确定参与者属性为高校时，则记为"1"，确定参与者属性为科研机构时，则记为"2"，由此建立一个矩阵

D,具体形式为 $D^T = (1 \quad L \quad 1 \quad L \quad 2)$,同时建立专利矩阵 E,主要是依托高校和科研机构的合作申请专利数,建立一个方阵,具体如下:

$$E = \begin{pmatrix} 0 & 1 & 2 & L & 2 \\ 1 & 0 & 3 & 4 & 5 \\ 2 & 3 & 0 & 1 & 1 \\ L & 4 & 1 & 0 & 1 \\ 2 & 5 & 1 & 1 & 0 \end{pmatrix} \qquad (5-15)$$

高校和科研机构在产学研中所起的作用相似,但是又有所不同,从表 5-12 可以看出,自相关分析中两者之间合作申请的专利数只有 10 个,虽然数量比较少,但是已经超过了期望的 5.238。

表 5-12 产学研合作创新网络中高校和科研机构的自相关分析

	期望值	观测值	差量
1-1	2.143	0	−2.143
1-2	5.238	10	4.762
2-2	2.619	0	−2.619

数据来源:利用 Ucinet6.2 计算得出。

而且随机重排计算出的差量和观测值相对频率比较结果中,随机重排计算出的差量大于相对值的相对频率,所以需要进一步通过密度关系列联表分析。从表 5-13 可以看出,进行了 10 000 次随机置换中计算出来的随机关系频次显著度为 0.042,满足了显著性要求,说明高校和科研机构之间的异质性。

表 5-13 产学研合作创新网络中高校和科研机构的关联列表分析

观察卡方值	=	9.091
显著度	=	0.042
随机置换次数	=	10 000

数据来源:利用 Ucinet6.2 计算得出。

(2) 高校和企业的自相关分析。

高校和企业的自相关检验中,确定参与者属性为高校时,则记为"1",确定参与者属性为企业时,则记为"2",由此建立一个属性矩阵 F,依据高校和企业自相关分析建立专利矩阵 G。

高校和企业是产学研合作创新网络中两个举足轻重的参与者,而且是密切合作方,从表 5-14 的关系假设检验可以看出,两者之间的合作次数为 143,远远大于期望的 0.431 次,同时在企业自身的合作中,虽然观测值小于期望值,但是随机重排计算出的差量和观测值相对频率比较结果中,随机重排计算出的差量小于相对值的相对频率,结果显著。

表 5-14 产学研合作创新网络中高校和企业的自相关分析

项目	期望值	观测值	差量
1-1	0.431	0	−0.431
1-2	12.931	143	130.069
2-2	86.638	65	−86.638

数据来源:利用 Ucinet6.2 计算得出。

但是高校和企业之间的随机重排计算出的差量和观测值相对频率比较结果中,随机重排计算出的差量大于相对值的相对频率,结果是显著的,所以需要进一步通过密度关系列联表分析,从表 5-15 的分析结果可以看出,进行了 10 000 次随机置换,计算出来的随机关系频次的卡方值为 673.333,显著度为 0.000 2,满足了显著性要求,说明高校和企业之间的异质性。

表 5-15 产学研合作创新网络中高校和企业的关联列表分析

观察卡方值	=	673.333
显著度	=	0.000 2
随机置换次数	=	10 000

数据来源:利用 Ucinet6.2 计算得出。

(3) 科研机构和企业的自相关分析。

科研机构和企业的自相关检验,确定参与者属性为科研机构时,则记为"1",确定参与者属性为企业时,则记为"2",由此建立一个属性矩阵 H,依据科研机构和企业自相关分析建立专利矩阵 I。

科研机构和企业之间的自相关分析与高校与企业、高校和科研机构的分析过程是一致的,首先从表 5-16 关系假设检验可以得到各个内部之间都有合作,科研机构内部合作专利数为 10,企业内部合作专利数为 65,科研机构和企业的内部合作专利数为 100,所以从表中可以看出,除了企业间,其他点观测值都高于期望的合作专利数。

表 5-16　产学研合作创新网络中科研机构和企业的自相关分析

项目	期望值	观测值	差量
1-1	0.795	10	9.205
1-2	21.465	100	78.535
2-2	130.74	65	−130.74

数据来源:利用 Ucinet6.2 计算得出。

其次只有企业的随机重排计算出的差量和观测值相对频率比较结果中,随机重排计算出的差量小于相对值的相对频率,结果显著。其他均不显著,所以需要进一步进行密度关联列表分析。从表 5-17 分析结果可以看出,进行了 10 000 次随机置换中计算出来的随机关系频次的卡方值为 1 762.319,显著度为 0.000 1,满足了显著性的要求,说明科研机构和企业之间的异质性。

表 5-17　产学研合作创新网络中科研机构和企业的关联列表分析

观察卡方值	=	1 762.319
显著度	=	0.000 1
随机置换次数	=	10 000

数据来源:利用 Ucinet6.2 计算得出。

5.5.2.2　产学研合作创新网络参与者属性和合作创新关系的假设检验

通过属性检验和密度关系列联表分析可以看出,产学研合作创新网络中企业和高校的异质性，为了更好地对产学研合作参与者的属性进行分析，接下来将对参与者属性和合作创新关系进行假设检验，主要从三个方面展开研究，分别是高校和科研机构之间参与者属性与创新合作关系之间的相关性检验、高校和企业之间参与者属性与创新合作关系之间的相关性检验及科研机构和企业之间参与者属性与创新合作关系之间的相关性检验。

运用QAP分析方法进行属性和关系的相关性检验时均需要矩阵数据，所以在检验之前需要先建立属性矩阵和创新合作关系矩阵。本节探讨的关系有高校和科研机构、高校和企业及科研机构和企业，所以关系可以分为"校研""校企"和"研企"。由此建立三个参与者属性矩阵和三个创新合作关系矩阵。此处的参与者属性矩阵和自相关的属性矩阵不同，自相关的属性矩阵是列矩阵，但是相关性检验的属性矩阵是方阵，而且是二值方阵，如果行和列的参与者同属于同一个属性的参与者则记为"1"，反之则记为"0"，所以该方阵是有两个子集的，而且子集也是方阵且都是二元矩阵。具体如下：

$$K = \begin{bmatrix} 1 & 1 & 0 & L & 0 \\ 1 & 1 & 0 & 0 & 0 \\ 0 & 0 & 1 & 1 & 1 \\ L & 0 & 1 & 1 & 1 \\ 0 & 0 & 1 & 1 & 1 \end{bmatrix} \quad (5\text{-}16)$$

创新合作关系矩阵也是一个方阵,主要罗列参与者之间的合作申请专利数,所以与自相关矩阵中建立方阵的形式一样均可以用 E 来表示,具体如下:

$$E = \begin{pmatrix} 0 & 1 & 2 & L & 2 \\ 1 & 0 & 3 & 4 & 5 \\ 2 & 3 & 0 & 1 & 1 \\ L & 4 & 1 & 0 & 1 \\ 2 & 5 & 1 & 1 & 0 \end{pmatrix} \qquad (5-17)$$

(1) 高校和科研机构的参与者属性与创新合作关系之间的相关性检验。

从表 5-18 可以看出,高校和科研机构的参与者和创新合作关系之间实际观测到的相关系数为 -0.180,而且显著度水平为 0.000,十分显著,5 000 次随机置换出的相关系数矩阵均值为 0.000,标准差为 0.058,5 000 次随机置换计算出的相关系数最小值为 -0.155,最大值为 0.173,随机置换计算出的相关系数小于实际观测相关系数的概率较显著。

表 5-18 高校和科研机构的参与者属性与创新合作关系之间的相关性检验

指标	观测值	显著度	均值	标准差	最小值	最大值
相关系数	-0.180	0.000	0.000	0.058	-0.155	0.173

数据来源:利用 Ucinet6.2 计算得出。

所以说高校和科研机构的参与者属性与创新合作关系呈现负相关,这意味着两者之间的合作对创新合作关系会产生不利影响,虽然这种相关性不是非常高,但至少说明了两者之间存在相关性。

(2) 高校和企业的参与者属性与创新合作关系之间的相关性检验。

从表 5-19 可以看出,高校和企业的参与者和创新合作关系之间实际观测到的相关系数为 0.592,而且显著度水平为 0.000,十分显著,5 000 次随机置换出来的相关系数矩阵均值为 0.000,标准差为 0.013,5 000 次随机置换计算出来相关系数最小值为 0.732,最大值为 0.084,随机置换计算出的相关系数小于实际观测相关系数的概率较显著。

表 5-19　高校和企业的参与者属性与创新合作关系之间的相关性检验

指标	观测值	显著度	均值	标准差	最小值	最大值
相关系数	0.592	0.000	0.000	0.013	0.732	0.084

数据来源:利用 Ucinet6.2 计算得出。

所以高校和企业的参与者属性与创新合作关系呈负相关,这意味着两者之间的合作对创新合作关系会产生不利影响,而且这种相关性比较高。

(3) 科研机构和企业的参与者属性与创新合作关系之间的相关性检验。

从表 5-20 可以看出科研机构和企业的参与者和创新合作关系之间实际观测到的相关系数为 -0.069,而且显著度水平为 0.000,十分显著,5 000次随机置换出相关系数的矩阵均值为0.000,标准差为0.013,5 000次随机置换出相关系数最小值为-0.063,最大值为0.010,随机置换出相关系数小于实际观测到的相关系数的概率较显著。

表5-20 科研机构和企业的参与者属性与创新合作关系之间的相关性检验

指标	观测值	显著度	均值	标准差	最小值	最大值
相关系数	-0.069	0.000	0.000	0.013	-0.063	0.010

数据来源:利用Ucinet6.2计算得出。

所以说科研机构和企业的参与者属性与创新合作关系呈现负相关,这意味着两者之间的合作对创新合作关系会产生不利的影响,这种相关性比较低。

通过以上对高校和科研机构、高校和企业、科研机构和企业三个参与者属性与创新合作关系之间的相关性检验得到的结果验证了假设一,即生物医药产学研合作创新网络的参与者属性与合作创新网络相关,且高校和科研机构的参与者属性和合作创新关系负相关、高校和企业的参与者属性和合作创新关系正相关,企业和科研机构的参与者属性和合作创新关系负相关,而且网络中"高校"和"企业"的合作对产学研合作创新关系影响较大。

5.5.3 参与者属性对创新绩效的影响分析

生物医药产学研合作创新网络参与者在产学研合作创新网络中

5 生物医药产学研合作创新网络结构特征对创新绩效的影响研究

所扮演的角色及所起到的作用,在产学研合作创新网络参与者属性的自相关和相关性检验中得以分析,接下来本书将研究生物医药产学研合作创新网络中参与者对创新绩效的影响。

5.5.3.1 产学研合作创新网络的创新绩效和参与者属性矩阵的建立

此处仍然需要设置产学研合作创新网络参与者属性矩阵和创新绩效矩阵,和上一步研究不同的是,此处的矩阵是上海市生物医药产学研合作创新网络的整体网络。

本书主要使用合作专利申请数作为创新绩效的衡量指标,建立一个创新绩效矩阵,具体如表 5-21 所示。

表 5-21 产学研合作创新网络创新绩效矩阵

创新主体	高校1	高校2	科研机构1	科研机构2	企业1	企业2	企业3
高校1							
高校2							
科研机构1			产学研合作创新网络参与者合作申请的专利数				
科研机构2							
企业1							
企业2							
企业3							

资料来源:作者自制整理。

产学研合作创新网络的参与者属性矩阵仍是按照如果行和类是

同一种属性的参与者,则记为"1",反之则记为"0"构建,具体如表 5-22 所示。

表 5-22　产学研合作创新网络的参与者属性矩阵

创新主体	高校1	高校2	科研机构1	科研机构2	企业1	企业2	企业3
高校1	1	1					
高校2	1	1					
科研机构1			1	1	1		
科研机构2			1	1	1		
企业1					1	1	1
企业2					1	1	1
企业3					1	1	1

资料来源:作者自制整理。

5.5.3.2　产学研合作创新网络参与者属性和创新绩效的相关性分析

从表 5-23 可以看出,参与者和创新合作关系之间实际观测到的相关系数为 0.048,而且显著度水平为 0.000,十分显著,5 000 次随机置换出相关系数的矩阵均值为 0.000,标准差为 0.012,5 000 次随机置换出相关系数最小值为 −0.043,最大值为 0.013,随机置换出相关系数小于实际观测相关系数的概率较显著。

表5-23　产学研合作创新网络参与者属性和创新绩效的相关性分析

指标	观测值	显著度	均值	标准差	最小值	最大值
相关系数	0.048	0.000	0.000	0.012	0.043	0.013

数据来源：利用 Ucinet6.2 计算得出。

所以说参与者属性与创新合作关系呈现正相关，这意味着两者之间的合作对创新合作关系会产生有利影响，但这种相关性比较低，无法看出具体的企业、高校和科研对创新绩效的影响，所以接下来本书将结合上海市生物医药产学研合作创新网络的中心性特征，分析参与者属性对创新绩效中心性的影响。通过前面的分析，本书选取特征向量中心性来代表中心性进行分析。

5.5.3.3　模型的建立

本部分主要利用最小二乘法，对产学研合作者属性和创新绩效的中心性特性进行回归分析，具体包括回归分析、T 检验和方差检验。

（1）虚拟变量和解释变量。

产学研合作创新网络参与者属性对创新绩效影响的虚拟变量是产学研合作创新网络的参与者属性，即企业、高校和科研机构，引入产学研合作创新网络参与者参与同一专利申请的均值作为解释变量，来说明合作申请专利对创新绩效的影响。所以将建立一个 157 * 5 的矩阵作为解释变量,具体如表 5-24 所示。

(2) 被解释变量。

创新绩效的特征向量中心性可以通过 Ucinet 具体计算出来,该指标可以反映出参与者是否倾向于与直接节点连接。

表 5-24 解释变量矩阵

创新主体	高校	科研机构	企业	平均数
高校 1	1			产学研合作创新网络参与者参与同一专利申请的均值
高校 2	1			
科研机构 1		1		
科研机构 2		1		
企业 1			1	
企业 2			1	
企业 3			1	

资料来源:作者自制整理。

5.5.3.4 模型结果及分析

将以上解释变量和被解释变量运用 Ucinet 软件进行回归分析,可以看出,在相关矩阵中,特征向量中心度与产学研合作创新网络参与者参与同一专利申请均值之间的相关性最大,其次是高校,再次是企业,最后是科研机构。相关性分别为 0.885、-0.182、0.194 和 -0.012,而且在相关性矩阵中企业和高校之间的负相关性高,这说明在产学研合作创新过程中,两者合作不容忽视,而且企业和高校合作申请同一项专利的相关性基本相同,负相关说明在合作申请专利中,两者在中心位置上此消彼长,具体结果如表5-25所示。

表5-25 产学研合作创新网络行动者的相关矩阵

项目	合作申请专利均值	企业	高校	研究所	中心性
合作申请专利均值	1	−0.403	0.427	−0.017	0.885
企业	−0.403	1	−0.95	−0.292	−0.182
高校	0.427	−0.95	1	−0.021	0.194
研究所	−0.017	−0.292	−0.021	1	−0.012
中心性	0.885	−0.182	0.194	−0.012	1

资料来源:作者自制整理。

从表5-25可以看出,生物医药产学研合作创新网络的参与者属性和中心性特征相关,并验证了假设二,得出了网络参与者的"高校"和中心性特征呈正相关;网络参与者的"企业"和中心性特征呈负相关;网络参与者的"科研机构"和中心性特征呈负相关,而且合作申请专利数和中心性特征的相关性最高,达到了0.885。为了进一步验证假设2d,本书对其进行回归分析。

从表5-26可以看出,该模型拟合效果较好,调整R^2高达0.822,而且F的卡方检验结果也十分显著。

表 5-26 产学研合作创新网络行动者的模型拟合度

R^2	调整 R^2	F 值	显著度
0.828	0.822	181.387	0.000

数据来源:利用 Ucinet6.2 计算得出。

从表 5-27 可以看出,特征向量中心性与企业、高校和科研机构的系数为负,其中高校影响最大,其次是企业,最后是科研机构,合作申请专利的平均数与特征向量中心性关系最紧密,基本上是其他三个虚拟变量的十几倍。

表 5-27 产学研合作创新网络行动者的回归结果

变量	非标准化系数	标准化系数	显著度
合作申请专利均值	1.051	0.980	0.000
企业	−0.024	−0.078	0.868
高校	−0.091	−0.282	1.000
研究所	−0.018	−0.018	0.553

数据来源:利用 Ucinet6.2 计算得出。

从表 5-27 可以看出,三者合作申请专利平均数的非标准系数为 1.051,而且十分显著。这说明合作申请专利对创新绩效的影响较大,验证了假设 2d。

5.5.4 分析结果

综上所述,本章节首先通过高校、企业和科研机构中任意两者之间的自相关检验说明了高校、企业和科研机构的异质性。

其次通过高校、企业和科研机构中任意两者之间与创新合作关系的相关性检验,产学研合作创新网络的参与者属性和创新绩效的关系验证了假设一的四个假设:产学研合作创新网络的参与者属性和创新合作关系相关,而且除高校和企业的参与者属性与创新合作关系之间正相关外,高校和科研机构的参与者属性与创新合作关系之间的相关性及企业和科研机构的参与者属性与创新合作关系之间的相关性均是负相关,虽然相关性显著,但是相关性比较小,影响不是很大,高校和企业之间更倾向于合作,且两者之间合作对创新合作关系也会产生正向的影响。

最后验证了假设二,产学研合作创新网络参与者和创新网络的中心性特征之间的关系,产学研合作创新网络的网络行动者中高校所起作用最大,创新能力的产生和发展得益于高校和企业之间的合作,两者之间的合作次数增加,则网络行动者之间参与同一个专利申请的平均次数就会增加,最终带来特征向量中心性的增加,网络的整体效率地提高,即可以产生更多的专利进而带来创新绩效地提高。由此企业和高校之间更倾向于合作创新,企业与高校的异质性,使其存在此消彼长的关系,且在产学研合作创新网络中高校所处的位置越来越重要。

5.6　网络结构特征对创新绩效的影响分析

本章的 5.4 部分通过社会网络分析对上海市生物医药产学研合作

创新网络的中心性特征及其对创新绩效的影响进行了社会网络分析，本章的5.5部分通过社会网络分析得出了上海市生物医药产学研合作创新网络参与者属性及其创新绩效之间的关系，本节主要通过社会网络分析来实现产学研合作创新网络结构特征中结构洞、小世界特性、中心性及参与者属性对创新绩效的影响。

5.6.1 二次指派程序分析过程

在对中心性网络、结构洞网络各指标和创新绩效实证分析后，后续研究将对上海市生物医药产学研合作创新网络结构特征整体对创新绩效的影响进行实证分析，具体包括参与者属性、中心性、结构洞和小世界特性四个合作创新网络指标矩阵，实证分析过程主要通过QAP分析法来实现。

运用QAP分析法主要包括三个步骤：首先是对自变量和因变量进行相关性关系检验。其次进行关系列表分析，该部分主要是置换检验，又可以细分为三步：①对已知矩阵构成的长向量之间的相关系数进行计算和分析；②将矩阵的行和列进行随机置换然后计算置换后矩阵之间的相关关系，然后得到一个相关系数矩阵；③对相关系数矩阵进行分析从而观察结果是否在可接受区间范围内，然后得到接受或拒绝原假设的结果。最后是回归分析，目的是研究自变量矩阵和因变量矩阵之间的回归关系，主要通过两步来实现：①对多个自变量和一个因变量进行常规回归分析;②进行行列的多次随机置换最终得到回归结果。

5.6.2 相关分析

5.6.2.1 小世界特性指标的度量

上海市生物医药产学研合作创新网络的网络特征包括了网络中心性、结构洞和小世界特性,在前面的章节已经对中心性和结构洞进行了介绍,接下来本节将解释小世界特性。

现有的小世界研究多是定性研究,本书主要采用平均路径长度和聚类系数进行定量研究。平均路径长度(L):是指任何两个节点之间最短路径的平均长度。它是对网络整体特性进行测量,具体表达式如下:

$$L = \frac{N}{K} f(NKp) \quad (5-18)$$

其中 $f(NKp)$ 是指普适标度函数。

聚类系数(C):是指网络中所有节点聚类系数的均值,具体表达式如下:

$$C = \frac{1}{N} \sum_{i=1}^{n} C_i \quad (5-19)$$

其中网络中每个节点的聚类系数是指某个节点与邻接节点的边与最大可能存在的边数之比,具体表达式如下:

$$C_i = \frac{E_i}{k_i(k_i-1)/2} \quad (5-20)$$

本书使用小世界商数进行小世界分析,即是聚类系数比率和平均路径长度比率之比(C_{ratio}/L_{ration})。

5.6.2.2 关系和关系层次假设检验的矩阵指标的建立

(1)参与者属性矩阵。参与者属性的矩阵是一个关系中心对称矩阵,和前述研究使用的矩阵相同,即如果产学研合作创新网络参与者属同一属性,则记为1;反之则记为0。由此建立一个156*156的矩阵,具体如表5-28所示。

表5-28 参与者属性矩阵

创新主体	高校1	高校2	科研机构1	科研机构2	企业1	企业2	企业3
高校1							
高校2							
科研机构1	如果产学研合作创新网络参与者属同一属性,则记为1;反之则记为0						
科研机构2							
企业1							
企业2							
企业3							

资料来源:作者自制整理。

(2) 中心性矩阵。在前面章节所使用的中心性主要采用图的中心性和点的中心性,本部分所使用的中心性则是线的中心性,其测量某条线出现在网络中关系捷径的次数,体现了一定的"控制信息",其结果可以通过 Ucinet 计算出来,形成一个关系矩阵,该矩阵仍旧是方阵,具体如表 5-29 所示。

表 5-29 网络中心性矩阵

创新主体	高校1	高校2	科研机构1	科研机构2	企业1	企业2	企业3
高校1							
高校2							
科研机构1							
科研机构2			某条线出现在网络中关系捷径的次数				
企业1							
企业2							
企业3							

资料来源:作者自制整理。

(3) 结构洞矩阵。结构洞可以分为整体网结构洞和个体网结构洞,本部分使用整体网的结构洞,矩阵的具体形式如表 5-30 所示。

(4) 小世界特性矩阵。小世界特性矩阵是利用小世界商数的计算公式得到,首先计算出聚类系数,然后计算出平均路径长度,最后求两者之比,具体如表 5-31 所示。

表 5-30　网络结构洞矩阵

创新主体	高校1	高校2	科研机构1	科研机构2	企业1	企业2	企业3
高校1							
高校2							
科研机构1							
科研机构2			节点在整体网中所扮演的角色和位置				
企业1							
企业2							
企业3							

资料来源：作者自制整理。

表 5-31　网络的小世界特性矩阵

创新主体	高校1	高校2	科研机构1	科研机构2	企业1	企业2	企业3
高校1							
高校2							
科研机构1							
科研机构2			聚类系数比率/平均路径长度比率				
企业1							
企业2							
企业3							

资料来源：作者自制整理。

5.6.2.3　网络结构特征和创新绩效的相关性分析

从表5-32可以看出，参与者属性、中心性、小世界特性和结构洞四个指标和创新绩效均相关性显著,相关系数分布为 0.070、−0.048、−0.382 和 0.195,其中相关性最大的是小世界特性,但是在之前的研究中发现小世界特性还有待进一步发展,所以有可能相关性会来越大;参与者和结构洞的相关性为正,中心性和小世界特性为负,这说明虽然从具体指标上与创新绩效的研究各有不同,但是个体作用力下各个网络特征总体指标对创新绩效的影响显著。

表 5-32　上海医药制造业产学研合作创新网络的 QAP 相关分析

相关系数	观测值	显著度	均值	标准差	最小值	最大值
参与者属性	0.070	0.000	0.000	0.013	−0.063	0.009
中心性	−0.048	0.000	0.000	0.012	−0.043	0.013
小世界特性	−0.382	0.001	−0.006	0.149	−0.426	0.208
结构洞	0.195	0.000	0.000	0.007	−0.002	0.078

数据来源:利用 Ucinet6.2 计算得出。

5.6.3　关联列表分析

经过 2 000 次置换得到创新网络特征和 QAP 关联列表分析,具体如表 5-33 所示,关联列表分析主要阐述创新网络特征和创新绩效的卡方检验结果。从表 5-33 可以看出,参与者属性、中心性、小世界特性和结构洞的卡方检验观测值分别是 823.921、917.821、110.000 和

436.664,而且卡方的检验结果均十分显著,这为接下来的回归分析奠定了基础。

表 5-33 QAP 关联列表分析

卡方检验	观测值	显著度	均值	标准差	最小值	最大值
参与者属性	823.921	0.000	87.737	76.525	21.882	563.954
中心性	917.821	0.000	52.005	54.718	10.348	568.038
小世界特性	110.000	0.000	1.191	2.294	0.000	17.734
结构洞	436.664	0.000	14.674	12.737	3.600	215.261

数据来源:利用 Ucinet6.2 计算得出。

5.6.4 回归分析

为了进一步研究网络结构对创新绩效的影响,最后对产学研合作创新网络结构和创新绩效进行 QAP 回归分析,具体结果如表 5-34 所示。

表 5-34 模型拟合度

R^2	调整 R^2	显著度	观察项数目
0.881	0.872	0.000	24 180

数据来源:利用 Ucinet6.2 计算得出。

从表 5-34 可以看出,模型拟合效果较高,R^2 和调整 R^2 都到了 0.8

以上，而且显著度为 0.000，显著度非常高。

表 5-35　QAP 回归分析

变量	非标准化系数	标准化系数	显著度
参与者属性	0.030 64	0.006 73	0.012
中心性	−0.030 73	−0.006 75	0.036
结构洞	9.439 02	0.152 79	0.000
小世界特性	−3.975 368	−0.138 88	0.000

数据来源：利用 Ucinet6.2 计算得出。

从表 5-35 可以看出，创新绩效与参与者属性、中心性、结构洞、小世界特性均相关，其中参与者属性和中心性的影响较小，这也符合之前章节的研究结果。结构洞和小世界特性对创新绩效的影响最大，这和相关性回归一致，而且作用效果十分显著，验证了假设三的四个假设。说明了产学研合作创新网络结构特征会对创新绩效产生影响，其中作用最大的是结构洞因素，即不同团体或不同结构等位的参与者之间相互合作会为产学研合作创新网络带来较高的创新绩效。小世界性会对创新绩效产生较大的负面影响，虽然小世界性可以降低沟通的成本，加快创新的传播，但是太多的冗余信息无法促进创新持续发展，局限于本团体的创新不利于整理网络创新的发展，所以要加强团体之间，区域之间的合作，促进创新的快速产生和发展。

5.7 本章小结

首先提出本章的研究问题以及如何解决该问题。其次,构建生物医药产学研合作创新网络结构特征对创新绩效影响的理论模型,包括研究假设的提出和理论模型的构建,共构建了 12 个假设。本章涉及创新网络的参与者、网络的结构特征及合作创新关系三个部分,充分构建了网络结构特征对创新绩效影响的分析模型。最后,本章对已建立的研究假设和理论模型进行分析,通过三部分内容实现具体如下。

(1) 构建上海市生物医药产学研合作创新网络并对网络的结构、可视化及中心性和结构洞进行分析。主要基于合作申请专利数来构建上海市生物医药产学研合作创新网络,对网络创新绩效进行量化及可视化分析,说明了上海市生物医药产学研合作创新网络创新绩效的整体网络情况,并对上海市生物医药产学研合作创新网络的中心性进行了量化,通过分析发现特征向量中心性是中心性的重要指标,随后对结构洞进行了分析。

(2) 运用二次指派程序验证了假设一和假设二。对上海市生物医药产学研合作创新网络的参与者属性进行了检验、拟合和分析,具体包括参与者属性的自相关检验、与创新合作关系的相关性检验验证了假设一。运用社会网络分析方法进行了相关性分析并用特征向量中心性指标代表网络的中心性特征,和网络的参与者属性进行了回归分析验证了假设二。

（3）运用相关性分析、关联列表分析和回归分析对产学研合作创新网络结构特征对创新绩效的影响进行分析，对上海市生物医药产学研合作创新网络结构特征和创新绩效之间的关系进行 QAP 分析，通过 QAP 相关性分析、关联列表分析和回归分析三步骤最终验证了假设三。

接下来第 6 章将在第 5 章的基础上结合全球产学研合作创新网络及我国其他区域产学研合作创新网络的构建提出提升上海市生物医学产学研合作创新网络创新绩效的建议。

6　生物医药产学研合作创新网络的经验及对策建议

前五章已经对我国产学研合作创新网络的现状及演化,我国产研合作创新网络的形成过程,产学研合作创新网络的网络结构及网络结构对创新绩效的影响进行了 QAP 分析。为了验证产学研合作创新网络的形成过程,本书运用张江生物医药产学研合作创新网络进行了案例验证。为了验证我国生物医药产学研合作创新网络的结构特征,本书选取上海市生物医药产学研合作创新网络,对其网络的凝聚子群和小世界特性进行了实证分析,进一步使用上海市生物医药产学研合作创新网络的结构特征,主要包括网络参与者属性、中心性、结构洞和小世界特性,运用社会网络分析法,利用关系数据建立矩阵,验证第 4 章提出的研究假设。后续将在前五章的基础上,对国内外生物医药产学研合作创新网络进行概述,并结合上海市生物医药产学研合作创新网络的实证结果,提出提升上海市生物医药产学研合作创新网络创新绩效的建议。

6.1 全球生物医药产学研合作创新网络的经验

6.1.1 网络特征

根据全球主要生物医药产业国家和地区的发展现状,接下来本节就美国、英国和日本的生物医药产业产学研合作创新网络进行介绍。

6.1.1.1 美国的生物医药产学研合作创新网络

美国的生物医药产业全球领先,与其他国家形成代际优势。美国生物医药产业开始于20世纪70年代,在千禧年互联网泡沫破灭后得到了迅速发展。美国的东西海岸已经形成了五大产业基地,包括波士顿、华盛顿、北卡罗来纳、旧金山和圣迭戈。

美国生物医药的发展主要可以概括为三种:第一种是依托大公司,第二种是合作发展,第三种是渐进式自主发展。美国生物医药产业已经有九大产业集聚区,而且在21世纪已经发展成为美国的支柱产业之一。其中产学研合作创新在其中发挥着不可忽视的作用,企业、高校和科研机构密切合作的同时,政府、中介机构和金融机构也纷纷加入,而且三种主要发展路径中随处可见产学研合作的影子,美国生物医药产业均是以生物技术为基础,以高校和科研机构为主体形成和发展,如生物医药产学研合作的典范——美国的北卡罗来纳三角研究园,其成立和发展得益于该区域毗邻北卡罗来纳州立大学、杜克大学和北卡罗来纳州立大学教堂山分校。

除了核心网络主体,相关网络主体也发挥着巨大的作用。美国政府为生物医药产业的发展提供了良好的环境,并出台了相关的法律法规,同时出台税收优惠政策给予政策支持,除此以外还提供相应的资金支持。金融机构和中介机构也发挥着巨大的作用,特别是投资公司,许多生物医药企业在成立之初都是"科学院+投资公司"的模式。

6.1.1.2 英国生物医药产学研合作创新网络

英国生物医药产业仅次于美国,其发展集聚性更强,而且其生物医药的产业基础优于欧洲任何一个国家,仅诺贝尔奖获得者就有二十多个。英国生物医药产业的发展更加得益于产学研合作创新网络,如世界最大的生物医药园区便是剑桥生物园,其他则分布在伦敦、爱丁堡等高校和科研机构比较集群的区域。

6.1.1.3 日本生物医药产学研合作创新网络

日本生物医药产业虽然晚于欧洲但是发展迅猛,已成立的18个高新技术园区中11个都是以生物医药和生物技术为重点的产业园区。根据日本生物医药新创企业推进协会对日本生物医药企业的划分标准,按照技术和成果量指标划分,可以将日本的生物医药产业分为三类,分别是以高校为主导、以企业为主导、以开发导入为主导,它们均是以研发为主的生物医药产业。

6.1.2 网络发展的关键要素

通过上述梳理和分析,发现生物医药产学研合作创新网络的发展主要得益于完善的创新环境、创新主体的显著效益以及信息技术的进步。

6.1.2.1 完善的创新环境

完善的创新环境可以从政府政策的支持、资金投资模式的完善及自主创新体系的发展三个方面展开。首先是政府政策的支持。美国、英国、德国和日本的生物医药产业的发展和政府政策的大力支持分不开。它们不仅仅有立法的支持,还有税收的优化和国家资金的支持,如美国通过产业立法和产业规划为生物医药的发展降低了阻碍,同时还给予资金支持。英国改革税制,鼓励风险投资并且建立了新的风险投资基金。德国加强政府对生物医药产业的引导,同时还强化专利保护。其次是资金投资模式的完善。生物医药产业周期长、风险大,所以没有完善的资金投资模式做后盾很难实现生物医药的基础研究以及产品开发工程。英国的剑桥科技园集合了英国25%的风险资本和欧洲8%的风险资本,这促使英国剑桥科技园生物医药产学研合作创新网络成为英国发展最大的生物医药产业园。最后是自主创新体系的发展。政府扶持、创新企业,研发机构及高校的积极参与带动了整个生物医药产业的发展。

6.1.2.2 创新主体的显著效应

生物医药产学研合作创新网络的形成或集聚效应的产生需要领头羊的带领,完善的外部创新环境为该网络的形成提供了很好的外部条件,但是要想形成产学研合作创新网络需要创新主体的显著效应,国际上发展比较突出的产学研合作创新网络多是以高校、科研机构和企业为主体所带来的创新效益集聚和创新网络的形成。例如,英国的剑桥科技园、美国的北卡罗来纳三角研究园均是因为大量科研中心的成立并且毗邻研发型高校。

6.1.2.3 信息技术的进步

生物医药产业的发展需要生物技术的进步,但是生物技术的发展离不开信息技术的进步,印度生物医药产业产学研合作创新网络的发展壮大便是得益于生物信息的发展,其在生物信息领域处于全球领先地位,印度班加罗尔生物医药产业园依托信息技术发展成为生物医药产业基地,该基地聚集了大量信息技术企业。美国北卡罗来纳三角研究园的发展也得益于IBM研发和生产基地的设立。

6.1.3 对我国生物医药产学研合作创新网络的建议

通过对全球生物医药产学研合作创新网络发展关键要素的总结，本书对我国生物医药产学研合作创新网络的发展提出以下几个方面的建议。

(1) 为生物医药产业营造优良的创新环境。

我国生物医药产业虽然发展迅速，但是仍以外包为主，自主创新能力还有待提高。国家需要完善相关法律法规，如专利保护法、风险投资相关立法等。加强政策扶持，如税收减免政策、中小企业融资政策等，同时鼓励企业参与生物医药创新。通过以上立法和扶持，包括国家资金和风险投资资本的支持，能够鼓励生物医药企业的自主创新。

(2) 培育创新主体。

创新主体可以带动生物医药产学研合作创新网络进一步演化发展，创新主体可以在研发、产学研转化以及资金和技术上给予其他参与者扶持，如共性技术的研究、大型实验室的设立和共享等，形成以创新主体为主的产学研合作创新网络，可以培养以高校或科研机构为主的生物医药产学研合作创新网络，亦可培养以企业为主的产学研合作创新网络。同时可以通过加强不同主体之间合作来推动产学研合作创新网络的发展，在美国和英国生物医药产业园中不乏有这样的例子出现。

(3) 重视生物信息技术的发展。

生物技术是生物医药产业发展的重要基石,但是生物技术和信息技术相辅相成,所以生物信息技术的发展也至关重要,政府可以从政策和资金上给予扶持,企业和科研机构可以在此基础上自行研发和发展,通过生物信息技术来推动生物技术的发展进而促进生物医药产业的发展。作为一个知识密集型、技术密集型的高新技术产业,国家应该出台相应的生物信息技术发展战略规划。例如,印度出台了《国家生物信息技术政策》来推动生物信息技术的发展。同时,还要出台相应的奖励政策,对实施生物信息技术研发的企业实施奖励,从而鼓励企业、科研机构和高校参与生物信息技术的发展。

6.2 我国生物医药产学研合作创新网络的发展

本书通过对全球生物医药合作创新网络关键发展要素的概述和总结提出了对中国生物医药产学研合作创新网络的建议。下面将就我国生物医药产学研合作的发展情况进行概括,总结我国生物医药产学研合作创新网络的发展经验。

6.2.1 网络特征

根据各省生物医药年产值的分布可以基本了解我国生物医药产

6 生物医药产学研合作创新网络的经验及对策建议

业的基本格局,即已经形成以长三角、环渤海为核心,珠三角和东北等地区快速发展的格局。从产业规模、创新能力、人力资源和国际交流四个方面来看,环渤海区域人力资源方面优势明显,除此以外,产业规模、创新能力和国际交流都是长三角地区领先,尤其是创新能力和国际交流能力。接下来将对环渤海、珠三角和长三角三个区域重点城市生物医药的发展概况进行阐述。

6.2.1.1 环渤海区域

环渤海区域主要涵盖了北京市、天津市、河北省和山东省四个区域。其中北京是环渤海生物医药产业的研发中心。该中心人才优势突出,具有丰富的临床资源,新药筛选、安全评价和中试与质量控制等关键平台。天津市科技支撑实力突出,聚集了500多家从事生产和研发的相关机构,中药现代化水平居全国领先水平。山东省是我国生物制药的产业大省,具有先进的新药研发和产业资源优势。河北省则是制造基地,汇集了一批在全国有影响力和竞争力的企业。

6.2.1.2 珠三角区域

珠三角区域主要是广东省区域,具体到广东省的广州市和深圳市。广州市是较早发展生物医药的地区,在生物服务和生物技术等领域具有自己的优势和特色,集聚了一批龙头企业。深圳市则是自主创新能力突出,国际化环境良好,跨国企业投资力度大,生物医疗设备产业较突出。深圳是南方生物医药产业核心城市,具有从生物技术到投产的完整产业链条。

6.2.1.3 长三角区域

长三角区域涵盖了上海市、江苏省、浙江省和安徽省。本书重点讲解上海市生物医药产业,江苏省是生物医药产业成长最好,发展最为活跃的地区之一,已经形成苏州、南京、泰州和连云港等一批生物医药产业基地,而且上海市很多孵化成功的企业也纷纷到江苏省设立生产基地。浙江省将生物医药列入大力培育的高科技产业,在部分领域处于行业领先水平。

6.2.2 网络的发展现状

从我国生物医药产学研合作创新网络的现状分析,可以发现我国生物医药产业产学研合作创新网络的现状如下。

(1) 区域发展不平衡。

我国生物医药产业主要集中于长三角、环渤海、珠三角和东北区域,尤其是长三角和环渤海区域聚集了大量的研发中心、高校和研发型企业,且政府扶持力度大,创新能力和人才也大量聚集,而中西部地区的发展则明显不足,而且随着已有生物医药产业的集聚,这种区域不平衡现状会越来越严重。

6 生物医药产学研合作创新网络的经验及对策建议

(2) 地区功能明显。

在已形成的网络中,区域功能性明显,如北京是我国的研发中心但是产业化较弱,河北省和山东省是主要生物制药基地,深圳侧重医疗器械的发展。此外,不仅要素倾向于向北京和上海集聚,在人才方面,国家政策也倾向于北京和上海。

(3) 热点区域不断涌现。

很多中部地区生物医药产业集聚涌现,如湖北省武汉市、山西省太原市、福建省厦门市和甘肃省兰州市。政府都在大力扶持生物医药产业的发展,制定支持招商引资和税收优惠等政策。除此以外,企业的带头作用也在不断凸显,而且侧重点有所不同,如山西太原着力发展原料药基地产学研合作创新集聚,福建省厦门市则重视基因工程的合作创新网络建立。

6.3 提升创新绩效的对策建议

基于全球生物医药产学研合作创新网络的概述和主要要素的阐述,本书提出对我国生物医药产学研合作创新网络的发展意见,并在此基础上对我国生物医药产学研合作创新网络的现状进行概述,接下来将在前两者的研究下结合前几章对生物医药产学研合作创新网络的实证分析,将着重提出提升我国生物医药产学研合作创新网络创新绩效的对策建议。具体从社会网络层面、产学研合作创新层面和政府层面展开。

6.3.1 社会网络层面的优化建议

本书通过对产学研合作创新网络结构特征和对创新绩效的实证分析可以发现,网络的中心性和小世界特性的结构特征与创新绩效负相关,网络的参与者属性特性和结构洞特征与创新绩效正相关。根据回归结果,从社会网络结构特征的四个方面分别提出提升生物医药产学研合作创新网络创新绩效的优化建议。

6.3.1.1 细化网络参与者属性,加强不同创新主体之间的合作

在参与者属性中,企业、高校和科研机构与创新绩效均呈负相关,但是合作申请专利数和创新绩效呈正相关,而且相关性比较高。从高校和科研机构、高校和企业及企业和科研机构三者的合作申请专利与其对应的合作创新网络进行假设检验得出,企业和高校之间合作申请专利对合作创新关系的影响最大,而且两者之间的合作次数也最多。所以对产学研合作创新网络来说,合作创新最重要。对企业、高校和科研机构来说,它们各自的科研活动对创新绩效的作用不大,但是合作申请专利对创新绩效的影响较大。从研究结果可以发现,合作申请专利中,企业和高校之间的合作更能促进合作创新关系的产生,所以需要细化网络参与者属性,侧重推动企业和高校之间的合作,这也符合

6 生物医药产学研合作创新网络的经验及对策建议

全球生物医药产学研合作创新网络发展的经验。另外,科研机构的研发作用不可小视,各个产学研合作创新网络也要主动加强研发中心的建立和发展,从而加强不同类型合作创新网络主体之间的合作。

6.3.1.2 最大化中心性优势,加强优质创新主体的培育和吸引

从具体指标来看,在网络的中心性特征中,创新绩效和度中心性、中间中心性、接近中心性均在相关性方面呈正相关,但是和特征向量呈负相关。从回归结果来看,特征向量对创新绩效回归结果的非标准化系数为正,但是总的中心性网络特征和创新绩效呈负相关。据此需要最大化中心性优势,中心性指标可以分为度中心性、中间中心性、接近中心性和特征向量中心性,度中心性和创新绩效之间的关系最强,但是回归系数却为负,特征向量中心性和创新绩效之间虽然负相关,但回归系数却为正,所以虽然对整个网络来说,加强不同网络创新主体之间的联系有利。但是网络的凝聚力过高,网络主体之间慢慢会处于同一个更密集的网络之中,这样一来,网络的接近中心性和中介中心性都会有所变化。但是特征向量中心性却呈现相反的变化,这说明网络更密集了,冗余信息和冗余的连接越来越多,网络主体之间共享的信息是大家都知道的信息,该网络和其他网络之间的联系减少了,会导致网络处于各种重叠信息之中,降低创新的产生,而且在网络内该网络创新的产生和传播快速,但是和其他网络的传播则很慢,或者桥

239

梁还没有产生,这样一来,整个网络的创新就降低了。所以需要降低网络的度中心性,从而吸引更多优质节点的加入,或者自身培训优质节点,这样可以在不断扩大网络节点的同时,增加网络节点之间的连接度,在提高网络特征向量中心性特征的同时,避免过于择优联结形成新的较封闭的网络,阻碍创新的产生。

6.3.1.3 丰富网络连接,加强不同等级和位置创新主体之间的合作

在网络的结构洞指标中,有效规模和创新绩效正相关,限制度和创新绩效负相关;等级度和创新绩效正相关。这说明网络有效规模和等级度会促进创新绩效的产生和发展,但是网络限制度会对创新绩效产生不利影响,即网络中越多的节点是受网络中的某个或者某些节点的控制,网络创新绩效会受到影响,所以对生物医药产学研合作创新网络来说,要培育较多的创新主体,不要局限于某一区域内的合作,也可以强化与其他区域高校的合作,或者加强与其他区域科研机构的合作。目前从上海市生物医药产学研合作创新网络的结构和规模来看,这样的问题存在,非上海区域的高校和科研机构较少,跨区域合作的更少,这也是我国生物医药产学研合作创新网络普遍存在的问题。除此以外,现有网络参与者要促进不同等级和位置参与者之间的合作,因为这样可以获取到非冗余信息,汇聚更多创新资源,从而更有利于创新的产生,发挥了结构洞的作用。不同创新网络之间的合作桥梁也

就建立起来,对整体产学研合作创新网络来说,更有利于资源的共享和创新的传播。

6.3.1.4 调整创新网络结构,降低小世界特性对创新绩效的不利影响

其实很多研究都支持网络小世界特性有利于创新绩效的提升,通过对平均路径长度和聚类系数进行分析,发现平均路径长度越短越有利于创新绩效的产生,从实证分析可以看出生物医药产学研合作创新网络对创新绩效产生了不利影响,而且影响的负作用不容轻视,这说明生物医药产学研合作创新网络的聚类性已经开始对创新绩效产生不利影响,本来合理的聚类系数和平均路径长度应该会促进创新的产生,所以需要对不合理的生物医药产学研合作创新网络的网络结构进行调整,从而促进创新绩效的发展。

6.3.2 产学研合作创新层面的优化建议

在实证的基础上,本书结合全球和全国的发展经验,产学研合作创新层面的优化需要从区域,产学研合作创新环境,及产学研合作创新主体三个角度出发实现优化,加强跨区域合作,增加创新的交流合作,优化产学研合作创新环境,为创新的产生和发展注入活力,建立产学研合作创新平台,实现资源利用效率最大化。

6.3.2.1 强化区域间合作,促进创新的交流合作

产学研合作创新网络的发展得益于网络的稳定及创新活力。跨区域合作可以实现区域内资源的最优化配置,从而形成最稳定的产学研合作联盟,而且在频繁的信息交流和资源共享中建立更深层次的联系,保障网络的稳定性,跨区域产学研合作可以获取更多有利信息,避免信息重叠,享受多项政策及多种创新环境的支持。在此过程中,创新的交流和合作成本会降低,创新的效果会增加。同时上海市作为长三角经济发展龙头,在打造具有全球影响力的科创中心及四新经济中,要发挥自己的带头作用,实现区域的共同发展。长三角地区是我国生物医药产学研合作创新网络最发达的地区,在这样的环境下更应该加强跨区域合作。

6.3.2.2 优化产学研合作创新环境,为创新的产生和发展注入活力

产学研合作创新网络的建立和发展需要创新活力强,创新保护力度大的外部环境,所以如何在提升活力的同时又能保证创新的优势需要进一步优化合作创新环境。通过实证研究可以发现,高校和企业之间的合作倾向比较高;高校、企业和科研机构的单独创新活动并不是首选,优化环境需要多方的努力,产学研合作创新网络的核心主体是重要参与者,同时也是网络的重要构建者。政府、金融机构和中介机构

6 生物医药产学研合作创新网络的经验及对策建议

也应该发挥各自作用,构建开放有活力的创新环境。

6.3.2.3 建立产学研合作创新平台,最大化资源利用效率

产学研合作创新需要核心主体和相关主体的共同合作和资源共享,所以需要一个成熟的运作机制来整合高校、企业、科研机构、政府、金融机构和中介机构的资源,实现资源利用效率最优化,因此建立产学研合作创新平台至关重要。虽然我国在加强创新能力建设,探索平台建设,但是平台很多只是形式上建立起来,实质上利用率不大,而且地理资源、信息资源和人才资源等均未得到有效整合和利用,在实际研究过程中可以获取的信息很少,鉴于此,现有平台并不能满足生物医药产学研合作创新的目的,需要建立一个机制清晰,组织结构合理,运作成熟的生物医药产学研合作创新平台。

6.3.3 政府层面的优化建议

在生物医药产学研合作创新网络中,政府需要明确自己的职责。相关主体需要从辅助的角度予以支持,主要任务是协调和管理,为产学研合作创新网络营造一个良好的环境,具体要从法律层面和政策层面进行优化。除此以外,还要重视对功能型研发转化平台加以支持和统筹规划。

6.3.3.1 政策法规层面的优化

生物医药产业是高新技术产业,具有高风险、高技术、长周期和知识密集型的特征,经过较长时间的研发和临床试验,对技术成果的保护至关重要。政府层面应当完善知识产权保护法,《中华人民共和国知识产权保护法》最新一次的修订是在2008年,在这种情况下,上海市政府应该在《中华人民共和国知识产权保护法》的范畴内最大限度地完善知识产权保护。我国的专利申请是审批制,较多医药企业在国外注册新药的专利,因为国外是备案制,时间较短。在不违反上位法的情况下,上海市政府可以出台相关的法规予以规范和鼓励。除此以外,有关部门可以出台相应的鼓励政策,并给予更加优惠的税收政策等来促进创新的产生和发展。

6.3.3.2 功能型研发转化平台的支持和统筹

除了法律层面的优化,还可以建立线上和线下平台,结合现有的先进信息技术,使得产学研合作创新网络主体可以更好实现资源和技术的共享,建立相应的生物医药研发转化平台,帮助企业更好地实现创新,促使创新成果更快地实现市场化。现有产学研合作创新中存在研发主体对市场认识不清,或者因已有技术未及时获取而造成研究的重复和浪费,这两种情况均需要一个公共服务平台实现信息共享。政府在这个过程中发挥重要作用,因为公共服务平台要保障公益性,而且还要鼓励共享性技术的研发。

6.4 本章小结

本章主要在前五章的基础上,结合全球产学研合作创新网络和我国生物医药产学研合作创新网络的发展特点和经验,根据实证分析结果对生物医药产学研合作创新网络的发展,创新绩效的提升提出对策建议。本章主要从社会网络层面、产学研合作创新层面和政府层面出发,提供优化建议。接下来本书将对研究结论进行总结,并说明研究的创新点、局限性和对未来的展望。

7 研究结论与创新点

通过对前六章的论述和证明,本书对生物医药产学研合作创新网络的现状及演化、形成过程、形成后的产学研合作创新网络的结构特征及生物医药产学研合作创新网络结构特征对创新绩效的影响进行了研究和阐释,本章将在前六章的基础上归纳总结本书的主要研究结论,并阐述主要创新点及研究的局限性和对未来的展望。

7.1 主要研究结论

本书研究目的主要包括三个方面:一是对生物医药产学研合作创新网络的现状、演化进行分析;对生物医药产学研合作创新网络结构特征进行阐述;二是对生物医药产学研合作创新网络的形成过程进行梳理,提出生物医药产学研合作创新网络的形成过程模型;三是在此基础上进一步探讨生物医药产学研合作创新网络结构特征对创新绩效的影响,提出提升生物医药产学研合作创新网络创新绩效的建议。

7 研究结论与创新点

据此本书在第3章构建了生物医药产学研合作创新网络,并运用社会网络分析法对我国生物医药产学研合作创新网络的结构特征进行分析,包括网络的规模、密度和节点及网络的无标度、凝聚子群和小世界特性。在第4章通过对我国生物医药产学研合作创新网络的介绍,运用扎根理论方法,结合实地调研、访谈、信息的搜索及书籍的阅读,结合ARA商业网络模型构建了生物医药产学研合作创新网络的形成过程模型。第5章运用ARA商业网络模型构建了生物医药产学研合作创新网络形成过程模型,建立生物医药产学研合作创新网络结构特征对创新绩效的理论模型。最后运用上海市生物医药产学研合作创新网络,对构建的理论模型进行实证分析,对已有的假设和理论模型进行验证,为生物医药产学研合作创新网络的形成提供了理论依据,并对我国生物医药产学研合作创新网络的发展有一定的指导意义。

根据以上研究目的,首先,本书通过文献分析法对生物医药产学研合作创新网络的相关概念进行界定,并对其所涉及的理论进行阐述,对相关的产学研合作创新网络及创新绩效的文献进行回顾和梳理,通过文献述评提出现有文献的不足并指出本书所要研究的主要问题。其次,本书构建了生物医药产学研合作创新网络,通过社会网络分析法对生物医药产学研合作创新网络的结构特征进行刻画,包括网络的规模、密度和节点及网络的无标度特征,并运用上海市生物医药产学研合作创新网络进行实证分析,主要包括凝聚子群分析和小世界特性分析。再次通过扎根理论方法的运用,基于 ARA 商业网络模型得出生物医药产学研合作创新网络的形成过程模型,并通过张江生物医药产学研合作创新网络的形成进行案例验证。再次,本书根据产学研合作创新网络所具有的结构特征及对相关的研究进行内在逻辑的梳理,基于研究目的构建生物医药产学研合作创新网络结构特征对创新绩效的影响模型。最后,本书运用社会网络分析法,使用上海市生物医药产学研合作创新网络数据,实证分析生物医药产学研合作创新网络结构特征对创新绩的影响,并结合实证分析结果提出提升生物医药产学研合作创新网络的建议。经过以上研究过程,本书得出以下主要研究结论:

(1)我国生物医药产学研合作创新网络的网络结构具有幂律分布特征,网络的节点数和边增长迅速,网络的密度和平均路径长度也在近五年得到了快速增长,网络具有小世界特性但是网络分布不均匀。通过上海市产学研合作创新网络的实证分析得出上海市产学研合作创新网络可以分为六个凝聚子群,而且第三个凝聚子群的密度过高值得注意。这为刻画网络结构特征提供了实证结果,丰富了社会网络分析的成果。

(2)首先,生物医药产学研合作创新网络的形成过程模型可以分为四个内容、三个主体、两架桥梁和三种模式。四个内容是指形成过程模型涵盖了创新网络驱动、创新网络主体、创新网络资源和活动及创新网络模式;三个主体是指生物医药企业、高校和科研机构;两座桥梁

7 研究结论与创新点

是指创新网络资源和创新活动,将三个主体连接在一起;三种模式是指通过创新资源和创新活动的桥梁作用最终形成的创新网络模式,主要有三种,以高校、科研机构以及企业为主的产学研合作创新网络。其次,生物医药产学研合作创新网络的形成过程模型,起于创新网络的内外部驱动,在创新网络的驱动下创新网络主体通过对创新网络资源和活动的整合和使用形成了创新网络模式,反过来创新网络模式会在这个过程中不断演化和发展最终形成已有的三种主要模式。最后,通过张江生物医药产学研合作创新网络形成过程的案例验证,对生物医药产学研合作创新网络的形成过程模型进行验证,由此理清了生物医药产学研合作创新网络的形成过程,揭示了内在作用机制。

(3)通过对生物医药产学研合作创新网络结构特征对创新绩效的影响研究得出六个主要结论:①生物医药产学研合作创新网络结构特征和创新绩效相关性,创新绩效会受到网络特征的显著影响,其中参与者属性特征和结构洞特征对创新绩效产生有利影响,中心性特征和小世界特性特征对创新绩效产生不利影响。不同于已有研究,本书得到生物医药产学研合作创新网络中心性和小世界特性对创新绩效会产生不利影响,从某种程度上,发现产学研合作创新网络的发展不一定会带来积极效果,也要注意它所产生的负面影响。②中心性特征中特征向量中心性与度中心性、中介中心性和接近中心性负相关,但是和创新绩效正相关,创新绩效和度中心性的相关性高,但是度中心性对创新绩效的作用不大,而且会产生不利影响。这说明总中心性指标

249

的不利影响促使产学研合作创新网络需要关注过于紧密的凝聚力对网络发展不利性,需要对网络的结构进行调整。③结构洞特征可以分为有效规模、限制度和等级度,其中有效规模和等级度会对创新绩效产生有利影响,限制度会对创新绩效产生不利影响。这说明产学研合作创新网络需要多元化创新主体,重视对优质节点的吸引和培育。④生物医药产学研合作创新网络的参与者中生物医药企业、高校和科研机构应该加强合作,而且在不同创新主体的合作中生物医药企业和高校的合作最为密集,对合作创新关系的作用最明显。这说明创新网络主体的异质性及创新主体之间跨等级和跨位置合作的重要性,生物医药企业更倾向于和高校合作。⑤生物医药产学研合作创新网络参与者属性和生物医药产学研合作创新网络中心性紧密相关,尤其是特征向量中心性,产学研合作申请专利数对特征向量中心性的作用最大,除此以外就是生物医药企业和高校,这说明网络的中心性和节点的性质及其所扮演的角色紧密相关,网络中参与者更倾向于与质量高的节点合作,所以需要重视对产学研合作创新网络参与者之间的合作加以引导。⑥对全球和我国生物医药产学研合作创新网络的梳理和分析并对其经验进行总结,再结合前面的实证分析,本书从社会网络层面、产学研合作创新层面和政府层面提出了建议:首先,社会网络层面需要细化网络参与者属性,加强不同创新主体之间的合作、最大化中心性优势,加强优质创新主体的培育和吸引、丰富网络连接,加强不同等级和位置创新主体之间的合作、调整创新网络结构,降低小世界特性对创新绩效的不利影响。其次,产学研合作创新层面需要加强跨区域合作,增加创新的互相交流合作、优化产学研合作创新环境,为创新的产生和发展注入活力、建立产学研合作创新平台,实现资源利用效率最大化。最后,政府政策层面主要从政策法规和功能型研发转化平台两方面加以建议。

整体而言,本书基本上达到了预期的研究目的。本书构建了生物医药产学研合作创新网络的形成过程模型,并构建了生物医药产学研合作创新网络结构特征对创新绩效的影响模型,而且12个研究假设均得到了验证,并提出了一些新的见解和结论。所以本书不仅对现有社会网络分析和产学研合作创新理论进行了丰富,而且对未来生物医药产学研合作创新网络的发展具有一定的指导意义。

7.2 主要创新点

与现有文献相比,本书的主要创新点和贡献主要体现在以下三个方面:

(1) 构建生物医药产学研合作创新网络形成过程模型。

现有关于产学研合作创新网络的研究较集中于网络创新的形成、合作模式与对策研究,内容重复,研究方法相似。研究内容多是宏观设计和理论研究,数据分析较少,缺乏理论推导和实证分析,而且研究的统一性和规范性不够。本书以ARA商业网络模型为基础,从创新网络主体、创新网络资源和创新网络活动出发,运用扎根理论构建生物医药产学研合作创新网络的形成过程模型,弥补了该方面研究的不足,并通过张江生物医药产学研合作创新网络的案例验证,丰富了生物医药产学研合作创新网络形成过程模型的实证分析。

(2) 社会网络分析方法的创新应用。

现有关于产学研合作创新网络和创新绩效的研究多使用调查问卷、回归分析或结构方程的方法,将以前的研究方法往新问题上套用,通过本书的研究可以发现,从大量受访者中通过抽样来获取自己所需要的属性数据、抽样的规范性和对结果的推演等都需要考证。本书通过社会网络分析运用关系数据建立矩阵研究生物医药产学研合作创新网络对创新绩效的影响,使用矩阵数据,可以完整地呈现一个网络的结构并对其拓扑性质进行分析。虽然研究也会面临着抽样问题,但是很多研究个体网络和局部网络的问题可以得到有效解决,而且整体网络也可以得到实证,不但实现了方法上的创新,而且丰富了社会网络分析的实证研究并得到了新的观点。

(3) 运用关系数据研究网络结构特征对创新绩效的影响。

现有研究较多是使用属性数据对网络结构特征与创新绩效之间的关系进行研究,但是产学研合作创新网络是一个矩阵网络,如果想了解整体网络的特征,在某种程度上使用属性数据对网络结构的描述会存在不完整性。而且较少有研究使用关系数据对两者之间的关系进行探究,很多研究虽然起先使用了网络数据,但是在后续采用调查问卷,或者使用 Ucinet 计算出网络的属性数据然后又回归到属性数据的验证。本书运用关系数据构建矩阵,将网络结构特征对创新绩效的影响进行实证分析,更能真实而完整地反映整体网络的特征,而且为后续研究提供新方法。通过社会网络分析实现了关系之间的研究,利用矩阵解决了现有社会网络分析仅仅停留在对网络结构和拓扑性质描述上,对关系的研究不够深入的问题,而且证明了可以通过 QAP 分析法实现关系和关系之间的研究,说明了关系数据研究更加丰富和可行,为后续社会网络分析提供了新思路。

7.3 研究局限性与展望

虽然本书的研究方法、研究设计和研究过程已经符合科学研究的要求和原则,而且也获得了一些十分具有理论意义和实际意义的研究成果,但是由于研究条件及个人知识和人生经历的局限性,现有研究仍有待完善。

(1) 生物医药产学研合作创新网络合作创新网络关系及创新绩效的衡量。

本书主要采用专利来衡量合作创新关系及创新绩效,但是实际中生物医药产学研合作创新参与者之间的关系除了专利,还有战略联盟、新药申请、发表论文和项目合作等。所以对合作创新网络合作创新网络关系及创新绩效的衡量不够丰富,这受制于现有信息公开的影响,如新药申请、项目合作等都是保密信息,无法获取官方的数据,抽样调研无法实现对整体网络的刻画,希望后续研究过程中可以拓展信息搜集和获取方面的渠道,立体化合作创新关系和创新绩效,进一步对多重关系整合进行研究,探讨创新绩效不同方面的关系数据对整体网络的影响。

(2) 生物医药产学研合作创新网络形成过程内部作用机制的研究。

本书对生物医药产学研创新网络形成过程的研究中主要集中于四个方面的内在逻辑性和相互关系研究和分析,对每一个具体的研究内容,特别是创新网络资源和创新网络活动的内在作用机制方面的研究还不够深入。而该方面的内在作用机制对揭示生物医药产学研合作创新网络主体和创新网络模式形成有积极作用。因此,未来会进一步深入对生物医药产学研合作创新网络形成过程的内部作用机制研究,争取打开创新网络资源和创新网络活动促进合作创新关系形成的"黑箱"。

接下来笔者将在此基础上进一步加深对生物医药产业合作创新网络的研究,并在未来的研究道路上对其加以完善。

参 考 文 献

[1] 樊霞,陈丽明,刘炜.产学研合作对企业创新绩效影响的倾向得分估计研究——广东省部产学研合作实证[J].科学学与科学技术管理,2013,34(2):63-69.

[2] 李成龙,刘智跃.产学研耦合互动对创新绩效影响的实证研究[J].科研管理,2013,34(3):23-30.

[3] 曹洁琼,其格其,高霞.合作网络"小世界性"对企业创新绩效的影响——基于中国ICT产业产学研合作网络的实证分析[J].中国管理科学,2015(23):657-661.

[4] 其格其,高霞,曹洁琼.我国ICT产业产学研合作创新网络结构对企业创新绩效的影响[J].科研管理,2016(37):110-115.

[5] IMAI K, BABA Y. Systemic innovation and crossborder networks: transcending markets and hierarchies[C]. OECD Conference on Science, Technology and Economic Growth, Paris, 1989.

[6] FREEMAN C. Networks of innovators: a synthesis of research

issues[J]. Research Policy,1991,20(5):499-514.

[7] NONOKA I, TAKEUCHI H. The knowledge-creating company [M]. Harvard Business Review Press,2008.

[8] 王大洲.企业创新网络的进化与治理:一个文献综述[J].科研管理,2001,22(5):96-103.

[9] AUTANT-BERNARD C, BILLAND P, MASSARD N. Innovation and space:from externalities to networks[J]. The regional economics of knowledge and talent. Local advantage in a global context,2012:63-97.

[10] 连远强.国外创新网络研究述评与区域共生创新战略[J].人文地理,2016,31(1):26-32.

[11] DEMIRKAN I, DEEDS D L, DEMIRKAN S. Exploring the role of network characteristics, knowledge quality, and inertia on the evolution of scientific networks[J]. Journal of Management, 2013,39(6):1462-1489.

[12] ROXENHALL T. Network structure and innovation in strategic innovation networks[J]. International Journal of Innovation Management,2013,17(2):1350002.

[13] 赵建吉,曾刚.基于技术守门员的产业集群技术流动研究——以张江集成电路产业为例[J].经济地理,2013(2):111-116.

[14] 王飞.生物医药创新网络演化研究[D].上海:华东师范大学博士

学位论文,2011.

[15] 毛睿奕.基于知识流动的生物医药创新网络邻近性作用研究[D].上海:华东师范大学硕士学位论文,2012.

[16] DOEPFER B. Co-innovation competence a strategic approach to entrepreneurship in regional innovation structures[M]. Berlin: Springer, 2012.

[17] PANAPANAAN V, UOTILA T, JALKALA A. Creation and alignment of the eco-innovation strategy model to regional innovation strategy: a case from Lahti (päijät-häme region), Finland[J]. European Planning Studies, 2014, 22(6): 1212-1234.

[18] 卢仁山.不同产学研合作模式的利益分配研究[J].科技进步与对策,2011,28(17):96-100.

[19] HERSTAD S J, ASLESEN H W, EBERSBERGER B. On industrial knowledge bases, commercial opportunities and global innovation network linkages[J]. Research Policy, 2014, 43(3): 495-504.

[20] 曹霞,刘国巍.基于博弈论和多主体仿真的产学研合作创新网络演化[J].系统管理学报,2014(01):21-29.

[21] 张艺,陈凯华,朱桂龙.中国科学院产学研合作网络特征与影响[J].科学学研究,2016,34(3):404-417.

[22] SIMSEK Z, LUBATKIN M H, FLOYD S W. Inter-firm networks and entrepreneurial behavior: a structural embeddedness perspective[J]. Journal of Management, 2003, 29(3): 427-442.

[23] ZENG S X, XIE X M, TAM C M. Relationship between cooperation networks and innovation performance of SMEs[J]. Technovation, 2010, 30(3): 181-194.

[24] ARRANZ N, DE ARROYABE J C F. A network approach to the structure and organization of joint R&D projects[M]. Physica-Verlag HD, 2011.

[25] 洪茹燕.集群企业创新网络,创新搜索及创新绩效关系研究[D].浙江大学,2012.

[26] 王保林,张铭慎.地区市场化,产学研合作与企业创新绩效[J].科学学研究,2015(5):748-757.

[27] 赵骅,夏汉武.基于社会网络视角的企业集群信任形成机制[J].工业工程,2011,14(1):58-62.

[28] 张建军.关中—天水经济区区域创新网络的形成机制研究[J].中国科技论坛,2012(2012年02):90-94,101.

[29] 郝涛.基于系统动力学的企业技术创新网络形成机理研究[D].燕山大学,2015.

[30] 仵凤清,郝涛,高林.基于系统动力学的企业技术创新网络形成机理研究[J].技术与创新管理,2016,37(4):350-356.

[31] 宋晶,孙永磊.合作创新网络能力的形成机理研究——影响因素探索和实证分析[J].管理评论,2016,28(3):67-75.

[32] 解学梅,徐茂元.协同创新机制、协同创新氛围与创新绩效——以协同网络为中介变量[J].科研管理,2014,35(12):9-16.

[33] 周涛,张子柯,陈关荣等.复杂网络研究的机遇与挑战[J].电子科技大学学报,2014,43(1):1-5.

[34] 马艳艳,刘凤朝,孙玉涛.中国大学-企业专利申请合作网络研究[J].科学学研究,2011,29(3):390-395.

[35] 刘凤朝,徐茜.中国科技政策主体合作网络演化研究[J].科学学研究,2012,30(2):241-248.

[36] 刘凤朝,刘靓,马荣康.基于973计划项目资助的科研合作网络演变分析[J].科学学与科学技术管理,2013,34(6):14-21.

[37] 高霞,陈凯华.合作创新网络结构演化特征的复杂网络分析[J].科研管理,2015(6):28-36.

[38] 翁海涛,张玉臣.对上海生物医药产业发展现状及策略的思考[J].内蒙古科技与经济,2003(11):4-7.

[39] CHIESA V, CHIARONI D. Industrial clusters in biotechnology: driving forces, development processes, and management practices[M]. Imperial College Press, 2005.

[40] 徐徕.产业集群与生物医药产业发展[D].上海社会科学院,2005.

[41] 吕丽莉.跨国企业的直接投资对我国生物医药产业的技术溢出效

应研究[D].东南大学,2006.

[42] 张佳华.实物期权模型在生物医药企业价值评估中的应用研究[D].江苏大学,2016.

[43] FREEMAN C. Networks of innovators: a synthesis of research issues[J]. Research policy, 1991, 20(5): 499-514.

[44] KOSCHATZKY K. Innovation networks of industry and business-related services-relations between innovation intensity of firms and regional inter-firm cooperation[J]. European Planning Studies, 1999, 7(6): 737-757.

[45] HARRIS L, COLES A M, DICKSON K. Building innovation networks: Issues of strategy and expertise[J]. Technology Analysis & Strategic Management, 2000, 12(2): 229-241.

[46] DHANARAJ C, PARKHE A. Orchestrating innovation networks[J]. Academy of Management Review, 2006, 31(3): 659-669.

[47] OJASALO J. Management of innovation networks: a case study of different approaches[J]. European Journal of Innovation Management, 2008, 11(1): 51-86.

[48] 陈文婕,曾德明,陈雄先.丰田低碳汽车技术合作创新网络图谱分析[J].科研管理,2015,36(2):1-10.

[49] BURGELMAN R A, MAIDIQUE M A, WHEELWRIGHT S C. Strategic management of technology and innovation[M].

Chicago：Irwin，1996.

[50] COOPER R G. Industrial firms' new product strategies[J]. Journal of Business Research，1985，13(2)：107-121.

[51] HAGEDOORN J, CLOODT M. Measuring innovative performance：is there an advantage in using multiple indicators？[J]. Research policy，2003，32(8)：1365-1379.

[52] 池仁勇.企业技术创新效率及其影响因素研究[J].数量经济技术经济研究,2003(6):105-108.

[53] 钱燕云.企业技术创新效率和有效性的综合评价研究[J].科技管理研究,2004,24(1):51-53.

[54] 斯坦利·沃瑟曼,凯瑟琳·福斯特.社会网络分析:方法与应用[M].陈禹,孙彩虹,译.北京:中国人民大学出版社,2012.

[55] 刘军.整体网分析讲义:UCINET 软件实用指南[M].上海:格致出版社,2009.

[56] 杨建梅.复杂网络与社会网络研究范式的比较[J].系统工程理论与实践,2010,30(11):2046-2055.

[57] 何大韧,刘宗华,汪秉宏.复杂系统与复杂网络[M].北京:高等教育出版社,2009.

[58] 约翰·斯科特.社会网络分析法[M].刘军,译.2 版.重庆:重庆大学出版社,2007.

[59] WEST D B. Introduction to graph theory[M]. Upper Saddle

River: Prentice hall, 2001.

[60] 林聚任.社会网络分析:理论,方法与应用[M].北京:北京师范大学出版社,2009.

[61] WASSERMAN S, FAUST K. Social network analysis: methods and applications[M]. Cambridge University Press, 1994.

[62] PATTISON P. Algebraic models for social networks[M]. Cambridge University Press, 1993.

[63] 格兰诺维特,罗家德.镶嵌:社会网与经济行动[M].北京:社会科学文献出版社,2007.

[64] MILGRAM S. The small world problem[J]. Psychology Today, 1967, 2(1):61-67.

[65] MARSDEN P V, LIN N. Social structure and network analysis[M]. Sage Publications, Inc, 1982.

[66] PODOLNY J M. A status-based model of market competition[J]. American Journal of Sociology, 1993, 98(4): 829-872.

[67] PODOLNY J M. Market uncertainty and the social character of economic exchange[J]. Administrative Science Quarterly, 1994: 458-483.

[68] 边燕杰,张文宏.经济体制,社会网络与职业流动[J].中国社会科学,2001,2(10):77-89.

[69] 边燕杰,张文宏,程诚.求职过程的社会网络模型:检验关系效应

假设[J].社会,2012,32(3):24-37.

[70] LUO J D, YEH K. The transaction cost-embeddedness approach to study Chinese subcontracting[J]. Contexts of Social Capital: Social Networks in Communities, Markets and Organizations, 2008:115-138.

[71] 简兆权,韩昭君,霍宝锋.供应链视角下网络镶嵌对创新绩效的影响研究[J].科研管理,2013(10):27-34.

[72] 博特.结构洞:竞争的结构[M].上海:上海人民出版社,2008.

[73] 盛亚,范栋梁.结构洞分类理论及其在创新网络中的应用[J].科学学研究,2009(9):1407-1411.

[74] 孙笑明,崔文田,王乐.结构洞与企业创新绩效的关系研究综述[J].科学学与科学技术管理,2014,35(11):142-152.

[75] 冯科,曾德明,周昕,等.创新网络结构洞非均衡演进对技术创新的影响[J].系统工程,2014(8):110-116.

[76] 应洪斌.结构洞对产品创新绩效的作用机理研究——基于知识搜索与转移的视角[J].科研管理,2016,37(4):9-15.

[77] F. M. 谢勒.技术创新:经济增长的原动力[M]姚贤涛,王倩,译.北京:新华出版社,2001.

[78] 熊彼特,孔伟艳,朱攀峰,等.经济发展理论[M].北京:北京出版社,2008.

[79] 克利斯·弗里曼,罗克·苏特.工业创新经济学[M]毕宏勋,等译.北京:北京大学出版社,2004.

[80] 牛莲芳,费良杰,庞娟.有关技术创新的文献综述[J].甘肃科技,2006,22(9):16-18.

[81] 彼得·德鲁克.创业精神与创新——变革时代的管理原则与实践[M].北京:中国工人出版社,1989.

[82] 伊诺思.石油加工业中的发明与创新[M].上海:三联书店,1962.

[83] LUNDVALL B A, DOSI G, FREEMAN C. Innovation as an interactive process: from user-producer interaction to the national system of innovation[J]. China Soft Science, 1988.

[84] LUNDVALL B A. National systems of innovation: toward a theory of innovation and interactive learning [M]. Anthem Press, 2010.

[85] 弗里曼,宇轩.技术政策与经济绩效:日本国家创新系统的经验[M].南京:东南大学出版社,2008.

[86] FREEMAN C, FREEMAN C. The economics of hope: essays on technical change, economic growth and the environment [M]. Research Policy,1993.

[87] 纳尔逊.国家创新体系:比较分析[M].北京:知识产权出版社,2011.

[88] 齐建国,等.技术创新——国家系统的改革与重组[M].北京:社会科学文献出版社,1995.

[89] 徐继宁.国家创新体系:英国产学研制度创新[J].高等工程教育研究,2007(2):35-39;71.

[90] EDQUIST C. Systems of innovation: technologies, institutions and organizations[M].London: Routledge, 1997.

[91] 刘洪涛,汪应洛,贾理群.国家创新系统(NIS)中的生产——学习系统研究[J].西安交通大学学报,1997(S1):94-99.

[92] 吴贵生,谢伟.国家创新系统的要素、作用和影响.第二届中韩产业技术政策研讨会会议文集,1996.

[93] 王春法.技术创新政策:理论基础与工具选择——美国和日本的比较研究[M].北京:经济科学出版社,1998.

[94] DODGSON M, MATHEWS J, KASTELLE T, et al. The evolving nature of Taiwan's national innovation system: the case of biotechnology innovation networks[J]. Research Policy, 2008, 37(3): 430-445.

[95] FAGERBERG J, SRHOLEC M. National innovation systems, capabilities and economic development[J]. Research policy, 2008, 37(9): 1417-1435.

[96] 盛四辈,宋伟.我国国家创新体系构建及演进研究[J].科学学与科学技术管理,2011,32(1):73-77.

[97] 刘云,谭龙,李正风,等.国家创新体系国际化的理论模型及测度实证研究[J].科学学研究,2015(9):1324-1339.

[98] 刘建华,苏敬勤,姜照华.基于DSGE模型的中国国家创新体系发展的仿真与预测[J].系统管理学报,2016,25(5):813-820.

[99] 王晖,温兴琦.国家创业体系与国家创新体系融合机理,路径与对策研究[J].中共宁波市委党校学报,2017,39(1):122.

[100] STUART T E, OZDEMIR S Z, DING W W. Vertical alliance networks: the case of university-biotechnology-pharmaceutical alliance chains[J]. Research Policy, 2007, 36(4): 477-498.

[101] 苏月,刘楠.生物医药产业发展态势与对策[J].中国生物工程杂志,2009,29(11):123-128.

[102] 李薪.北京生物医药产业发展评价研究[D].北京:北京化工大学,2015.

[103] 孟菲.基于全球价值链的中国海洋生物医药产业发展研究[D].青岛:中国海洋大学,2015.

[104] 王琦琦,茅宁莹.国内外生物医药产业技术创新联盟网络研究进展及发展方向探析[J].中国新药杂志,2016,25(12):1326-1331.

[105] ABBOTT T A. Price regulation in the pharmaceutical industry: prescription or placebo? [J]. Journal of Health Economics, 1995, 14(5): 551-565.

[106] 余晖.中国药业政府管制制度形成障碍的分析(上)[J].管理世

界,1997(5):126-135.

[107] 余晖.中国药业政府管制制度形成障碍的分析(下)[J].管理世界,1997(6):87-95.

[108] 张可菡,茅蕾.政府,市场和企业在美国生物医药产业发展中的作用[J].商场现代化,2008,10(534):243-243.

[109] 肖帆.医药经济发展中的政府监管研究[D].武汉:华中师范大学,2012.

[110] 李林.江门市生物医药(健康)产业发展中的政府作用探析[D].兰州:兰州大学,2013.

[111] 金瑜,姚东宁,邵蓉.我国生物医药产品的发展及监管[J].中国药科大学学报,2014,45(3):378-382.

[112] 曾婧婧,王巧.中央政府支持生物医药产业发展的政策文本分析(2006—2015)[J].生产力研究,2016(7):58-63.

[113] 吴晓隽,高汝熹,杨舟.美国生物医药产业集群的模式,特点及启示[J].中国科技论坛,2008(1):132-135.

[114] 李嵘.我国生物医药产业发展模式的建议[J].经营管理者,2010(16):161-161.

[115] 牛晓帆,朱睿倩,字来宏.最适生物医药产业发展模式比较研究[J].经济问题探索,2012(2):49-53.

[116] 汤莉娜,申俊龙.江苏省生物医药产业发展模式与创新策略分析[J].医学与社会,2014,27(1):26-29.

[117] 汪帆.山东省海洋生物医药业可持续发展模式研究[D].青岛:中国海洋大学,2014.

[118] 陈露,褚淑贞.我国生物医药产业工业园区现状及发展模式[J].现代商贸工业,2016(9):3-5.

[119] ACHILLADELIS B, ANTONAKIS N. The dynamics of technological innovation: the case of the pharmaceutical industry[J]. Research Policy, 2001, 30(4): 535-588.

[120] BIANCHI M, CAVALIERE A, CHIARONI D, et al. Organisational modes for open innovation in the bio-pharmaceutical industry: an exploratory analysis [J]. Technovation, 2011, 31(1): 22-33.

[121] 毛睿奕,曾刚.基于集体学习机制的创新网络模式研究——以浦东新区生物医药产业创新网络为例[J].经济地理,2010,30(9):1478-1483.

[122] 王飞.生物医药创新网络演化机理研究——以上海张江为例[J].科研管理,2012,33(2):48-54.

[123] 王国红,梁晓燕,邢蕊.区域协同创新网络的结构风险研究——以国内外生物医药基地的对比分析为例[J].当代经济管理,2014,36(7):17-22.

[124] KIM T Y, OH H, SWAMINATHAN A. Framing interorganizational network change: a network inertia perspective[J]. Academy of

Management Review, 2006, 31(3): 704-720.

[125] COWAN R, JONARD N, ZIMMERMANN J B. Bilateral collaboration and the emergence of innovation networks[J]. Management Science, 2007, 53(7): 1051-1067.

[126] GAY B. Firm dynamic governance of global innovation by means of flexible networks of connections[J]. Journal of Innovation Economics & Management, 2008(2): 63-83.

[127] BRUNEEL J, D'ESTE P, SALTER A. Investigating the factors that diminish the barriers to university-industry collaboration[J]. Research policy, 2010, 39(7): 858-868.

[128] 田钢,张永安.集群创新网络演化的动力模型及其仿真研究[J].科研管理,2010(1):104-115.

[129] EISINGERICH A B, BELL S J, TRACEY P. How can clusters sustain performance? the role of network strength, network openness, and environmental uncertainty[J]. Research Policy, 2010, 39(2): 239-253.

[130] 文嫱,曾刚.全球价值链治理与地方产业网络升级研究——以上海浦东集成电路产业网络为例[J].中国工业经济,2005(7):20-27.

[131] 苗长虹.全球—地方联结与产业集群的技术学习[J].地理学报,2006,61(4):425-434.

[132] TER WAL A L J. The dynamics of the inventor network in german biotechnology: geographical proximity versus triadic closure [J]. Academy of Management Annual Meeting Proceedings, 2010(1):1-6.

[133] BOSCHMA R, ERIKSSON R, LINDGREN U. How does labour mobility affect the performance of plants? the importance of relatedness and geographical proximity [J]. Journal of Economic Geography, 2009, 9(2):169-190.

[134] 吕拉昌,李勇.基于城市创新职能的中国创新城市空间体系[J].地理学报,2010,65(2):177-190.

[135] 汪涛,Stefan HENNEMANN,Ingo LIEFNER,李丹丹.知识网络空间结构演化及对NIS建设的启示——以我国生物技术知识为例[J].地理研究,2011,30(10):1861-1872.

[136] 王娟茹,潘杰义.产学研合作模式探讨[J].科学管理研究,2002,20(1):25-27.

[137] 周静珍,万玉刚,高静.我国产学研合作创新的模式研究[J].科技进步与对策,2005,22(3):70-72.

[138] 袁胜军,黄立平,刘仲英.产学研合作中存在的问题及对策分析[J].科学管理研究,2006,24(6):49-52.

[139] 张千帆,方超龙,胡丹丹.产学研合作创新路径选择的博弈分析[J].管理学报,2007,4(6):748-755.

[140] 冯锋,王亮.产学研合作创新网络培育机制分析——基于小世界网络模型[J].中国软科学,2008(11):82-86.

[141] LEVÉN P, HOLMSTRÖM J, MATHIASSEN L. Managing research and innovation networks: evidence from a government sponsored cross-industry program[J]. Research Policy, 2014, 43(1): 156-168.

[142] 马卫华,许治.我国大学产学研合作现状与特点[J].科技管理研究,2010,30(23):109-113.

[143] 崔旭,邢莉.我国产学研合作模式与制约因素研究——基于政府、企业、大学三方视角[J].科技管理研究,2010,30(6):45-47.

[144] 陈武.我国产学研合作创新法制建设的评估与展望[J].中国科技论坛,2010(1):19-24.

[145] 刘芳.社会资本对产学研合作知识转移绩效影响的实证研究[J].研究与发展管理,2012,24(1):103-111.

[146] 陈云.产学研合作相关概念辨析及范式构建[J].科学学研究,2012,30(8):1206-1210.

[147] AHRWEILER P, PYKA A, GILBERT N. A new model for university-industry links in knowledge-based economies[J]. Journal of Product Innovation Management, 2011, 28(2): 218-235.

[148] 刘凤朝,马荣康,姜楠.基于"985大学"的产学研专利合作网络演

化路径研究[J].中国软科学,2011(7):178-192.

[149] 张瑜,菅利荣,张永升.基于加权无标度网络的产学研合作网络演化[J].系统工程,2015(1):68-73.

[150] GERTLER M S, LEVITTE Y M. Local nodes in global networks: the geography of knowledge flows in biotechnology innovation[J]. Industry and Innovation, 2005, 12(4):487-507.

[151] BIRCH K, WHITTAM G. The third sector and the regional development of social capital[J]. Regional Studies, 2008, 42(3):437-450.

[152] COOKE P. The economic geography of knowledge flow hierarchies among internationally networked medical bioclusters: a scientometric analysis[J]. Tijdschrift Voor Economische En Sociale Geografie, 2009, 100(3):332-347.

[153] PISANO G P. Which kind of collaboration is right for you? [J]. Strategic Direction, 2009, 86(4):78-86.

[154] 王飞.生物医药创新网络的合作驱动机制研究[J].南京社会科学,2012(1):40-47.

[155] 郝凤霞.基于创新网络的美国生物医药产业研究[J].科学学研究,2005,23(b12):288-291.

[156] 王飞.生物医药创新网络结构及其演化特征探析——基于复杂网络视角[J].南京社会科学,2011(1):149-155.

[157] 孙璇.台湾生物医药产业研发网络结构与创新资源的整合模式分析[J].大众科技,2012(8):264-266.

[158] 程跃,银路,李天柱.生物制药产业合作创新网络发展现状与培育机制——基于SWN理论的分析[J].科技进步与对策,2012,29(4):57-62.

[159] 张绪英.基于全球创新网络的张江生物医药产业发展研究[D].上海:华东师范大学,2013.

[160] 洪进,宛晓梅.中国生物医药产业专利现状及发明者合作网络演化研究[J].电子科技大学学报:社会科学版,2014,16(1):33-38.

[161] 曾婧婧,刘定杰.产业集群集聚效应能促进企业创新绩效提升吗——对武汉市生物医药产业集群的实证分析[J].科技进步与对策,2016,33(18):65-71.

[162] BROSS U, ZENKER A. The performance of innovation networks in transition economies: an empirical study of Slovenia[C]//ERSA conference papers. European Regional Science Association, 1998.

[163] SANTORO M D, GOPALAKRISHNAN S. The institutionalization of knowledge transfer activities within industry-university collaborative ventures[J]. Journal of Engineering and Technology Management, 2000, 17(3): 299-319.

[164] ZAHEER A, BELL G G. Benefiting from network position: firm capabilities, structural holes, and performance[J].

Strategic Management Journal, 2005, 26(9): 809-825.

[165] SODA G, USAI A, ZAHEER A. Network memory: the influence of past and current networks on performance [J]. Academy of Management Journal, 2004, 47(6): 893-906.

[166] 刘元芳,陈衍泰,余建星.中国企业技术联盟中创新网络与创新绩效的关系分析——来自江浙沪闽企业的实证研究[J].科学学与科学技术管理,2006,27(8):72-79.

[167] 杨林.中联重科创新网络对技术创新绩效的影响研究[D].湖南师范大学,2014.

[168] TYLER K, PLEWA C, QUESTER P. Key drivers of university-industry relationships: the role of organisational compatibility and personal experience[J]. Journal of Services Marketing, 2007, 21(5):370-382.

[169] 陈学光.网络能力,创新网络及创新绩效关系研究[D].浙江大学,2007.

[170] ARRANZ N, DE ARROYABE J C F. A network approach to the structure and organization of joint R&D projects[M]//New Developments in the Theory of Networks. Physica-Verlag HD, 2011: 259-276.

[171] KUEN-HUNG T, WANG J C. External technology sourcing and innovation performance in LMT sectors: an analysis based

on the Taiwanese technological innovation survey[J]. Research Policy, 2009, 38(3): 518-526.

[172] 卢艳秋,张公一. 跨国技术联盟创新网络与合作创新绩效的关系研究[J]. 管理学报, 2010(7): 1021-1026.

[173] 董文裕. 组织学习下企业战略网络结构对创新绩效的影响研究[D]. 武汉: 武汉理工大学, 2012.

[174] 宋晶,孙永磊,陈劲. 基于调节定向的网络惯例对合作创新绩效的作用研究[J]. 科学学与科学技术管理, 2007, 38(2): 127-135.

[175] 陈晓聪. 网络嵌入性, 知识吸收能力和创新绩效之间的关系研究[D]. 广州: 华南理工大学, 2012.

[176] 王燕妮. 汽车核心企业创新网络对创新绩效的影响机理研究[D]. 北京: 北京工业大学, 2013.

[177] 王京安,刘丹. 企业间合作创新绩效的影响因素及机理——基于社会网络视角的理论分析[J]. 南京工业大学学报: 社会科学版, 2013, 12(4): 89-97.

[178] 王立岩. 企业创新网络与创新能力对创新绩效的影响研究[D]. 秦皇岛: 燕山大学, 2013.

[179] 孙永磊,党兴华,宋晶. 基于网络惯例的双元能力对合作创新绩效的影响[J]. 管理科学, 2014, 27(2): 38-47.

[180] 游达明,李志鹏,杨晓辉. 高新技术企业创新网络能力对创新网络绩效的影响路径[J]. 科学学与科学技术管理, 2015, 36(2):

70-82.

[181] 李守伟,朱瑶.合作创新网络结构特征对企业创新绩效的影响研究——以新能源汽车产业为例[J].工业技术经济,2016(11):137-144.

[182] GEMÜNDEN H G, RITTER T, HEYDEBRECK P. Network configuration and innovation success: an empirical analysis in German high-tech industries [J]. International Journal of Research in Marketing, 1996, 13(5): 449-462.

[183] UZZI B. Structural embeddedness and the persistence of repeated ties [C]//Annual meeting of the Academy of Management. 1998.

[184] GULATI R. Alliances and networks[J]. Strategic Management Journal, 1998, 19(4): 293-317.

[185] TSAI W. Knowledge transfer in intraorganizational networks: effects of network position and absorptive capacity on business unit innovation and performance[J]. Academy of Management Journal, 2001, 44(5): 996-1004.

[186] REAGANS R, MCEVILY B. Network structure and knowledge transfer: The effects of cohesion and range[J]. Administrative Science Quarterly, 2003, 48(2): 240-267.

[187] CUMMINGS J N. Work groups, structural diversity, and

knowledge sharing in a global organization[J]. Management Science,2004,50(3):352-364.

[188] GILSING V, NOOTEBOOM B. Density and strength of ties in innovation networks: an analysis of multimedia and biotechnology[J]. European Management Review,2005,2(3):179-197.

[189] 张艳辉,李宗伟,陈滇.社会网络与企业技术创新绩效的关系研究:以苏州电子信息产业为例[J].管理评论,2012,24(6):42-49.

[190] 洪燕真,戴永务.林业产业集群企业网络结构与创新绩效的关系——基于福建林业产业集群的调查数据[J].林业科学,2015,51(11):103-112.

[191] 彭伟,周晗鹭,符正平.团队内部社会网络对团队创新绩效的影响机制——以企业R&D团队为样本的实证研究[J].科研管理,2013,34(012):135-142.

[192] 赵良杰,宋波.联盟网络结构和技术互依性对双元型技术联盟网络创新绩效的影响[J].管理学报,2015,12(4):558-564.

[193] 张敏,张一力.积极拖延一定有益于提升创新绩效吗?——基于社会网络的实验研究[J].科学学研究,2015,33(1):128-136.

[194] 吴俊杰,王节祥,耿新.企业家社会网络总是有助于提升创新绩效吗?[J].科学学研究,2015,33(12):1883-1893.

[195] 张敏,张一力.团队成员过度自信有益于提升创新绩效吗?——

基于认知社会网络的实验研究[J].浙江大学学报:人文社会科学版,2015(4):174-188.

[196] 王彦博,任慧.知识网络与合作网络解耦作用下企业创新网络绩效研究[J].商业经济研究,2015(10):100-101.

[197] 徐建中,朱晓亚.员工前摄行为对团队创新绩效的影响——一个跨层次研究[J].科学学与科学技术管理,2016,37(11):104-116.

[198] 王彦博,任慧.知识网络与合作网络嵌入式的企业技术创新网络的解耦研究[J].科技管理研究,2016,36(1):12-16.

[199] 边燕杰,张展新.市场化与收入分配——对1988年和1995年城市住户收入调查的分析[J].中国社会科学,2002(5):97-111.

[200] 李长玲,纪雪梅,支岭.基于社会网络分析的企业内部知识传播效率分析[J].情报理论与实践,2011,34(10):56-61.

[201] MILLS M, ÁLVAREZ-ROMERO J G, VANCE-BORLAND K, et al. Linking regional planning and local action: towards using social network analysis in systematic conservation planning[J]. Biological Conservation, 2014, 169: 6-13.

[202] ALEXANDRESCU F M, RIZZO E, PIZZOL L, et al. The social embeddedness of brownfield regeneration actors: Insights from social network analysis[J]. Journal of Cleaner Production, 2016, 139: 1539-1550.

[203] KIM H, PARK Y. Structural effects of R&D collaboration

network on knowledge diffusion performance[J]. Expert Systems with Applications, 2009, 36(5): 8986-8992.

[204] ZHANG D, XIE F, ZHANG Y, et al. Fuzzy analysis of community detection in complex networks[J]. Physica A: Statistical Mechanics and its Applications, 2010, 389(22): 5319-5327.

[205] 赵健宇, 袭希, 苏屹. 知识流动网络演化中小世界效应的仿真研究[J]. 管理评论, 2015, 27(5): 70-81.

[206] 曹霞, 刘国巍. 基于社会资本的产学研合作创新超网络分析[J]. 管理评论, 2013(4): 115-124.

[207] 李梅芳, 刘国新, 刘璐. 企业与高校对产学研合作模式选择的比较研究[J]. 科研管理, 2012, 33(9): 154-160.

[208] 阿丽塔, 刘晓婷, 张玢, 等. 基于专利计量的中美医药产业创新网络对比分析[J]. 中国新药杂志, 2014(11): 1237-1247.

[209] 李玲. 技术创新网络中企业间依赖、企业开放度对合作绩效的影响[J]. 南开管理评论, 2011, 04: 16-24

[210] 王健聪. 生物医药产业发展规律与政策研究[D]. 武汉: 华中师范大学, 2011.

[211] 杨知歌. 张江生物医药产业集群创新网络结构研究[D]. 上海: 华东师范大学, 2014.

[212] SUN G H, SAMMUT S M, RESHMA JAGSI MD D P. Asia's

ascent-global trends in biomedical R&D expenditures[J]. The New England Journal of Medicine, 2014, 370(1): 3-6.

[213] HAKANSSON H. Industrial technological development: a network approach[J]. International Journal of Research in Marketing, 1987, 4(2):157-159.

[214] 张伟.商业网络构建方法及其在旅游业的应用研究[D].上海:东华大学,2016.

[215] 陈文基,忻展红.商业模式研究及其在业务系统设计中的应用[D].北京:北京邮电大学,2012.

[216] GLASER B G, STRAUSS A L, STRUTZEL E. The discovery of grounded theory: strategies for qualitative research[J]. Nursing Research, 1968, 17(4): 364.

[217] STRAUSS A L, CORBIN J M. Basics of qualitative research: grounded theory procedures and techniques[M]. Sage Publications, 1990.

[218] CHARMAZ K. Constructing grounded theory: a practical guide through qualitative analysis[J]. International Journal of Qualitative Studies on Health and Well-Being, 2006, 1(3): 378-380.

[219] 党兴华,胡玉杰,王育晓.基于扎根理论的风险投资网络社群形成影响因素研究[J].科技进步与对策,2016,33(19):14-20.

[220] 高霞.国内外合作创新网络研究评述与展望[J].科学管理研究,2012,30(4):108-110.

[221] O'SHEA R P, ALLEN T J, CHEVALIER A, et al. Entrepreneurial orientation, technology transfer and spinoff performance of US universities[J]. Research Policy, 2005, 34(7): 994-1009.

[222] 陈京民,韩永转.基于虚拟社会网络挖掘的网络舆情分析[J].中国制造业信息化,2010,39(5):65-67;71.

[223] O'shea R P, Allen T J, Morse K P, et al. Delineating the anatomy of an entrepreneurial university: the massachusetts institute of technology experience[J]. R&D Management, 2007, 37(1): 1-16.

[224] FIER H, PYKA A. Against the one-way-street: analyzing knowledge transfer from industry to science[J]. The Journal of Technology Transfer, 2014, 39(2): 219-246.

[225] BAVELAS A. Communication patterns in task-oriented groups[J]. The Journal of the Acoustical Society of America, 1950, 22(6):725-730.

[226] FREEMAN L C. Centrality in social networks: conceptual clarification[J]. Social Network, 1979, 1(3):215-239.